全国船舶工业职业教育教学指导委员会推荐教材

造船精度控制

主　编　刘建全
副主编　叶爱青　李　卓
参　编　郑亚雄
主　审　何志标

哈爾濱工程大學出版社
Harbin Engineering University Press

内容简介

本书采用新型活页式教材样式，以项目任务制的形式，系统讲解了现代船舶精度管理体系、理论；在造船精度过程控制部分，主要介绍了船体建造在零件加工、组立装配、分段建造、船台(船坞)搭载等工艺过程中的精度控制；在船舶精度测量技术部分主要介绍了常用测量仪器，如水准仪、经纬仪和全站仪等的测量原理和使用方法；在现代船舶三维精度管理系统部分，主要介绍了船舶企业中全站仪数据采集、分段精度分析、分段模拟搭载等典型工作场景。

本书主要面向船舶与海洋工程专业的高职院校学生，培养现代造船企业精度管理技术人才掌握相关的测量技术和精度分析软件；也可供造船企业精度管理人员、其他相关专业技术人员和一线工人参考。

图书在版编目(CIP)数据

造船精度控制/刘建全主编. --哈尔滨：哈尔滨工程大学出版社，2023. 12

ISBN 978-7-5661-4181-1

Ⅰ. ①造… Ⅱ. ①刘… Ⅲ. ①造船-高等职业教育-教材 Ⅳ. ①U671

中国国家版本馆 CIP 数据核字(2023)第 255861 号

造船精度控制

ZAOCHUAN JINGDU KONGZHI

选题策划 史大伟
责任编辑 唐欢欢
封面设计 李海波

出版发行 哈尔滨工程大学出版社
社　　址 哈尔滨市南岗区南通大街 145 号
邮政编码 150001
发行电话 0451-82519328
传　　真 0451-82519699
经　　销 新华书店
印　　刷 哈尔滨午阳印刷有限公司
开　　本 787 mm×1 092 mm　1/16
印　　张 9. 75
字　　数 251 千字
版　　次 2023 年 12 月第 1 版
印　　次 2023 年 12 月第 1 次印刷
书　　号 ISBN 978-7-5661-4181-1
定　　价 35. 00 元

http://www. hrbeupress. com
E-mail:heupress@ hrbeu. edu. cn

前　言

根据国家职业教育改革要求，教育部先后印发了《国家职业教育改革实施方案》和《职业院校教材管理办法》，鼓励建设新型活页式教材并积极开发信息资源。本书根据船舶行业在我国的发展现状和对船舶精度专业技术人才的综合要求，结合高等职业教育的培养目标而编写。

本书主要围绕船体建造过程中的精度控制问题，分多个项目分别介绍我国造船企业精度管理的理论和精度控制技术，主要包括精度管理理论、船舶建造工艺中的精度问题和现代船舶精度测量技术等几个方面。

本书共分为五个项目，武汉船舶职业技术学院郑亚雄编写项目 1，李卓编写项目 2，刘建全编写项目 3 和项目 4，上海龙禹船舶技术有限公司叶爱青编写项目 5；本书由武汉船舶职业技术学院何志标主审。项目 1 主要介绍现代船舶建造精度管理体系的构架，包括精度标准相关知识；项目 2 主要介绍船体建造工艺阶段精度控制的要点、相关精度标准和管理程序；项目 3 重点介绍船台（船坞）搭载阶段的精度控制问题；由于现代造船精度管理应用了高精度测量技术，所以项目 4 重点介绍船舶精度管理中常用的测量仪器及相关测量原理；项目 5 主要介绍精度控制测量数据的软件处理系统。本书在编写过程中得到上海龙禹船舶技术有限公司的大力支持，特向提供支持的技术人员表示感谢。

由于编者水平有限，书中难免存在不足，希望广大读者能够积极批评指正，以便完善内容。

编　者

2023 年 8 月

目　　录

项目1

现代船舶建造精度管理体系

● 项目描述

船舶建造精度管理是船舶建造精度控制的核心，船舶建造的精度需要依靠完善的精度管理体系及良好的执行、及时的信息反馈和改进来实现，因此船舶建造精度管理体系的构建是船舶建造精度管理的重要环节。精度标准是精度管理的重要依据，要保证精度控制效果必须有精密的精度管理计划，在精度控制实施过程中还要采用很多重要的技术。本项目主要介绍现代船舶建造管理体系的组成、精度管理计划及精度管理采用的主要技术、精度标准。

● 知识框架

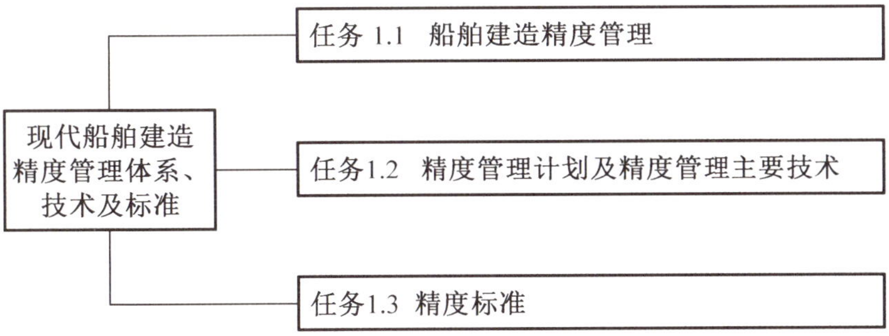

任务1.1 船舶建造精度管理

● 基本知识

1.1.1 船舶建造精度管理的内涵

船舶的建造就是按设计要求将船体构造、舾装设备和涂装等工程有计划地完成的过程。这其实是一个复杂的系统工程，船舶建造系统要求每个工序都必须精准无误，每道工序都需要在时间和空间上进行精确的控制。在建造过程中要保证工件的几何形状、尺寸和位置都处于精度可控状态，尽量减少因精度问题造成的返工工作量，这就需要对中间产品及对应的施工信息进行及时收集和分析，具有可靠的检测工具和较高的测量水平是提高造船精度的基本要求。

改革开放以来，经过多年的努力，我国在经济、科技、文化、教育等方面取得了明显的进步和丰硕的成果，目前有很多先进的科学技术应用于制造行业，我国在制造业的规模和技术上也不断提升层次，不断向高端制造业进发。在造船行业我国也已经取得很大进展，目前已经成为世界第一造船大国，在这种大背景下，我国造船行业的工程技术人员仍然在各岗位和各环节坚持不懈，努力提升造船技术和工艺，力求精益求精。

在造船工程中，要完成一条船舶的建造，既要保证质量，又要保证进度，还要保证精度，这显然是一个较为复杂的过程。目前大量民用船舶都设计为钢质船舶，因为钢质船舶吨位大、造价低廉，同时钢质船舶建造也有相对比较成熟的工艺。一般来讲，钢质船舶建造按照船舶设计图纸，经过放样、号料、加工、装配、焊接和船台搭载等多项工序，完成整个建造过程。

在建造过程的各个工艺阶段，如零件的切割、板材型材的成型加工、焊接和分段吊运、搭载等工艺过程中，船体零件、部件、分段、总段和船体主尺度会产生尺寸偏差和形状偏差。为了把这些偏差控制在规定范围之内，在传统工艺中船厂普遍采用在船舶零件上加放余量的方法，在必要时再进行修割。这种加放余量的方法会给造船现场带来大量的修整工作，又因为这些修整工作几乎全部为手工作业，工时占比相当大，有数据统计表明修整所消耗的工时约占船体建造总工时的 1/4，因此提高各工艺精度、减少修整工作量有一定的经济意义。

为了尽量减少修整工作量，世界各国的造船企业都在想方设法在零件切割时加放更为精确的余量。造船企业一般的做法是，在取得大量船舶生产精度管理数据的基础上，运用数理统计方法，逐步以无须修割的零件补偿量代替余量的方法来减少余量修整，逐步发展形成现代造船精度管理技术。

由于船舶建造的复杂性，造船精度管理是一项系统工程，对船舶制造企业而言，关键是全面、全过程推行有效的精度管理，其核心是造船各工艺阶段的精度设计必须经过周密的计划和有效的实施。

造船精度管理的主要内容包括建立高效的精度管理体系和完善的精度管理制度，逐步提高精度检测效率和精度，提出精度控制目标并制定详细的精度标准，制定切实可行的精度计划，并改进保证精度的工艺措施等。

1.1.2 船舶建造精度管理理论

船舶建造精度管理的内涵，就是在船舶建造过程中以建造精度标准为基准，通过科学的管理方法与先进的工艺技术手段，对船舶建造进行全过程的尺寸精度分析和控制，将船舶零件、部件、分段和全船的建造尺寸控制在规定范围内的工作方法和管理制度。现代船舶建造精度管理的目标是提高造船企业经济效益，精度管理的核心是在船舶建造过程中用补偿量代替余量，逐步增加补偿量的使用范围，利用先进的精度管理手段减少现场修割工作量，使船舶建造的尺寸偏差、型线偏差和结构错位在标准范围内，保证船舶产品质量。

管理学中的经典管理理论在船舶建造精度管理中有很广泛的应用，将管理理论与造船企业生产实际相结合，可以大大提高精度管理的效率。常用的精度管理理论主要有以下几种。

1. 系统工程理论

系统科学起源于20世纪40年代，美籍奥地利生物学家贝塔朗菲提出，早期应用于电机工程方面。我国著名科学家钱学森院士于20世纪60年代把运筹学、控制论和信息论同耗散结构理论、协同论思想融会贯通，加以整理提出了系统学思想。

按照系统工程学的定义，系统就是由相互作用和相互依赖的若干部分结合成的具有特定功能的有机整体。系统工程就是组织管理系统的规划、研究、设计、制造、试验和使用的科学方法，是一种对所有系统都具有普遍意义的科学方法。具体来说，系统工程就是从系统优化的思想出发，在分系统的经济、技术约束条件下，对其特性进行计划、控制，从而达到总体最优目标的组织管理方法。在工厂，通常要考虑人、物资、设备、资金、任务和信息六个要素，统筹兼顾，以使工期、质量、成本和服务符合要求。

系统工程理论用于船舶建造精度控制，需要将影响船舶建造精度的各个因素进行系统性分析，对影响船舶精度控制效果的各个方面，如外部环境、组织人员、设备工具、精度设计、生产过程和管理制度进行全面系统的管理控制，保证船舶建造精度符合相关精度标准。

2. 控制理论

控制理论是美国科学家维纳于1948年创立的，在控制理论中，控制的方式可以粗略分为开环控制和闭环控制。开环控制方式是指控制装置与被控对象之间只有顺向作用而没有反向联系的控制过程，按这种方式组成的系统称为开环控制系统，其特点是系统的输出量不会对系统的控制作用产生影响。开环控制系统可以按给定量控制方式组成，也可以按扰动控制方式组成。闭环控制方式是指带有反馈的控制方式，利用了反馈控制方式，具有抑制内外扰动对被控量产生影响的能力，有较高的控制精度，因此成为一种重要的并被广泛应用的控制方式，自动控制理论主要研究的就是这种带有反馈的控制系统。

船舶建造过程精度管理中，多采用过程控制和反馈闭环控制的方法，典型的如精度补偿量系统。船舶建造过程中对切割、加工、组立和总组搭载等各工序进行过程控制，发现误差超过控制标准应及时反馈到精度补偿系统，对余量补偿量的加法进行适当修正，并及时采取预防改进措施，保证船舶建造精度。

3. PDCA 质量循环理论

PDCA 质量循环理论在国内外都有非常广泛的应用。PDCA 循环是美国管理学专家戴明提出的著名理论，P(plan)是指根据任务的目标和要求制定科学的计划；D(do)是指按计划进行管理的运作，实施计划；C(check)是指对管理的结果进行系统的检测和评估；A(act)是指对结果评估出现的各种问题采取针对性的措施进行改进。PDCA 质量循环理论讲究根据任务目标制定可实行的计划，进行有效的实施和反馈，而且还必须进行改进。

造船精度管理中，PDCA 质量循环理论可应用于持续改进工作方法，制定精度方针、目标和计划，确立精度标准，据此进行船体建造过程控制，并检测船体建造中间产品——船体分段、总段的精度，根据检测结果进行统计分析找出主要精度问题，分析产生精度问题的主要原因，根据原因采取必要的预防、改进措施补偿量值，并在设计阶段加放，以持续改进船体建造精度。每经过一次 PDCA 循环，船舶建造精度控制的水平就会上升一个台阶，在不断的 PDCA 循环中，造船企业的精度管理水平也会不断提高。

4. 尺寸链理论

在机械制造业中，尺寸链是指在零件加工或机器装配过程中，由相互联系且按一定顺序连接的封闭尺寸组合。在机械设计和工艺工作中，为保证加工、装配和使用的质量，尺寸链理论可以有效地对一些相互关联的尺寸、公差和技术要求进行分析和计算。尺寸链理论是分析和计算工序尺寸很有效的工具，在制定机械加工工艺规程和保证装配精度中都有很重要的应用。

船舶的建造过程也是零部件的组装、装配过程，因此也可以将尺寸线理论引入造船精度控制过程。船舶工件的尺寸与其在装配完工的船舶结构中的位置是相互联系的，改变其中一个零件尺寸，会使该结构的另一个零件或好几个零件的位置都发生变化。例如船底、舷侧和甲板等分段的肋骨框架位置如果没有对准，会使船体上的各肋骨中心线偏差过大。为了保证船体零件的位置精度，必须计算其相连零件的实际尺寸和理论尺寸的差值，并据此来调整装配间隙尺寸。

尺寸链理论通常用于重要结构拼板和分段总段定位，可用下面的公式表达：

$$\text{装配间隙尺寸}=\text{理论尺寸}-\text{实际尺寸}+\text{焊接补偿值}$$

尺寸链理论中尺寸链的计算有极值法与统计法两种。用极值法解尺寸链是在尺寸链各环均处于极值的条件下来求解封闭环尺寸与组成环尺寸之间的关系；用统计法解尺寸链则是运用概率论理论来求解封闭环尺寸与组成环尺寸之间的关系。尺寸链理论在精度控制中的关于余量、补偿量的计算和加放等方面有很重要的应用。

1.1.3 船舶建造精度管理体系

现代船舶建造精度管理需要建立完善和有效的船舶建造精度管理体系，建立船舶建造精度管理体系的目的是有效进行精度管理，并推进精度管理体系建设，以确保造船企业精度管理工作系统、有序推进。对船舶建造企业而言，精度管理是一项系统工程，其关键是全面、全过程推行精度控制，核心是实施造船精度设计。

船舶建造精度管理贯穿于船舶建造的各个工艺过程当中，精度控制的目标主要是船舶在建造过程中由于冷热加工、焊接、吊装等工艺过程产生的收缩变形、扭曲变形和角变形等，其内涵包括健全精度管理体系、建立精度管理制度、完善精度检测手段与方法、提出精度控制目标、确定精度计划、制订精度标准、制订预防尺寸偏差的工艺技术措施和精度超差后的处理措施等。

在船舶建造过程中，推行精度管理是精益造船的客观需要，也是确保船舶建造质量、促使科学管理、缩短船体建造周期的重要手段，是造船生产技术的重要组成部分。国内外的生产实践表明，开展船舶建造精度管理，通过对加工误差和焊接热变形的有效控制，用补偿量代替余量的办法，减少造船加工、装配和焊接过程中的无效劳动，对造船企业、员工、船东、社会与环境都有重要意义。

船舶建造精度管理体系是船舶企业造船质量管理体系的一个子系统，包括组织体系、精度标准、资源管理、精度控制、测量改进和信息技术等几个要素。

1. 组织体系

为了实施造船精度管理，必须成立精度管理的组织体系，就是配备必要的组织和人员，制定造船精度方针、目标和计划，明确管理职责制度。

精度方针是确定造船精度管理的方向和原则。精度方针确定为精度设计、过程控制和检测改进。精度设计是精度管理的源头。过程控制是精度管理的核心，以不断改进提高精度水平。检测改进是精度管理的实施方法，包括精度检测、数据整理和改进精度管理措施。

精度目标是依据本船厂精度管理水平，分阶段提出精度的合格率，包括拼板、冷热加工、分段的焊前焊后、总组和搭载等。

2. 精度标准

精度标准是造船企业推行精度管理的依据，涉及船舶建造的各个部门和工艺过程都应当按照精度标准的要求来执行，比如生产设计部门对零部件余量、补偿量加放的依据，生产车间对于零部件切割、装配、焊接的精度控制，以及精度部门对重要生产环节以及重要中间产品的精度验收等工作都必须按照精度标准来执行。

精度标准包括补偿量标准、精度检验标准、精度工艺标准、精度测量表和基准线设计基准等。精度补偿量包括切割补偿量、加工补偿量、装配补偿量和焊接补偿量等方面，一般通过现场多次测量或理论计算得出补偿量数值，再通过生产设计反映在船体零件上，然后在主船体完工后通过测量主尺度来检验补偿量的正确性，通过测量值修正补偿量数值。精度检验标准是根据精度目标细化到船体建造各工序阶段的精度要求。精度工艺标准是对一些精度容易出现问题的工序阶段制定专门的装焊工艺。精度测量表是为了方便精度管理设计的测量表格。为规范基准线施工，还需要制定基准线设计基准等重要文件。

3. 资源管理

要进行造船精度管理必须对影响造船精度的各种资源进行管理，这里的资源主要包括人力资源、物质资源、信息资源等。

(1) 人力资源

在精度控制技术方面，涉及船舶生产的人员如船舶企业经理、精度管理人员、船舶精度技术人员、船舶企业员工、保证船舶企业生产和其他相关设备正常工作的其他人员等。人力资源是指以上人员的技能、知识以及他们的潜力和协作力,它是船舶企业开展精度控制技术最为重要的资源。

造船精度的管理讲究全员管理,需要造船企业全员重视和参与,这样才会达到理想的效果,因此在造船精度体系中必须重视人力资源的管理。

(2)物质资源

物质资源是指涉及确保船舶精度控制技术所需要的实际存在的生产物资形式,如设备工具、造船物资和设施工装等。在传统的产业经济中,物质资源占据主导地位,但随着经济的发展,知识经济的到来,人力资源不论是在数量上还是收益上都远远超过了物质资源,从而取代了在经济发展中物质资源所占据的主导地位。

精度控制技术物质资源是指船舶生产中所需要的物质性条件,它是确保精度控制过程正常进行的基本资源。造船企业精度控制水平与物质资源有很大关系,比如采用数控切割相比于采用人工切割,不仅能够大大提高切割效率,而且能够大大提高切割精度,再比如高精度测量技术在船舶建造中的广泛应用,提高了船舶中间产品的测量效率和测量精度,也使精度分析的时效性和有效性得到非常明显的改善。

(3)信息资源

信息资源涉及确保船舶精度控制开展所需要的信息与资料,包括船舶生产订单、生产计划、设备订单、操作手册、使用指导书、指导手册、专业出版物、企业信息、市场信息等,它是确保船舶生产正常进行的必要资源。

各生产单位精度控制的反馈信息也是重要的信息资源。对基层生产单位制定严格的精度管理制度、监督基层单位及时按要求反馈生产中的精度信息,才能有效评价基层单位的精度管理水平,才能有效提高造船企业整体的精度管理水平。

(4)其他资源

其他资源涉及确保精度管理所需要的时间、空间、技能、经验和与有关部门的合作及支持的程度与广度,这类资源将有助于组织目标的实现。

为了合理应用和配置以上不同类型的资源,在船舶建造精度管理工作中,船舶生产人员应能掌握现代精度管理的基本知识与技能,做到事先周密计划、现场组织和实施有效的控制,加以正确的操作与指挥,并合理协调相关各方之间的关系及工作,从而精准地完成船舶建造任务。

4. 精度控制

精度控制是实施造船精度管理的核心,应多采用系统论和控制论的管理思想。精度管理的系统控制指对影响造船精度的人员、精度设计、设备工具和物资进行系统的控制,以保证船舶建造精度。过程控制是对船体建造过程各阶段进行控制。对于各阶段易出现的精度问题采用“人、机、料、法、环和计量”六因素质量分析法进行分析,确定主要因素,采取必要措施,在验证有效后,把这些措施固化为标准,这样逐步提高船体精度,最终以最低的成本将船体精度控制在标准范围内。

5. 测量改进

造船精度管理水平的提高不能仅依赖于测量技术,更重要的是要注重持续的改进。按照 PDCA 质量循环理论，造船精度控制中的测量和改进就是对船体建造过程中的分段、总段等中间产品进行测量验收，对精度超差的中间产品必须采取修整措施，分析原因并采取预防改进措施，对相关责任人进行处理。预防改进措施在验证有效后固化为精度标准，从而提高造船企业的精度管理水平。

6. 信息技术

信息技术在船舶建造过程中有非常广泛的应用，它包括应用软件和数据库技术。

如 TRIBON 船舶设计软件可以辅助造船企业进行生产设计，大大提高了生产设计的效率，缩短了船舶建造的周期；EcoOTS 三维模拟搭载软件则可以辅助精度管理部门处理全站仪采集的测量数据，大大减少了计算工作量，提高了船舶中间产品检查的精度和水平；EcoMES 精度数据处理软件是一款船舶行业辅助测量软件，可以使船舶精度数据的采集工作更轻松、更有效，并减少现场与其他船舶建造工作的相互干扰。

精度信息技术近几年发展速度非常快，韩国大型船厂已广泛应用精度管理软件系统，国内多家船舶技术研究所和相关企业也在积极开发，部分产品已进入实际应用。精度系统软件的应用大大提高了分析速度和数据分析水平，精度数据完全可以在船舶企业数据管理系统中实现多部门同步共享，不仅大大减少了人为错误，也大大提高了各部门的工作效率。

【任务小结】

本任务主要介绍现代船舶精度管理体系。造船精度的管理是一个复杂的过程，需要进行全面的研究，建立完备的精度管理体系，制定详尽的精度标准，并根据精度标准船舶建造方针制定切实可行的精度计划。在船舶建造精度管理中应用了很多管理理论，主要有系统工程理论、控制理论、PDCA 质量循环理论、尺寸链理论等。船舶建造精度管理体系包含多个要素，主要有组织体系、精度标准、资源管理、精度控制、测量改进和信息技术等几个要素。

【综合练习】

思考题	总结
1. 什么叫造船精度管理？精度管理的目的是什么？ 2. 船舶建造精度管理应用了哪些管理理论？ 3. 船舶建造精度管理体系包含哪些要素？	

任务1.2　精度管理计划及精度管理主要技术

●基本知识

1.2.1　精度管理计划

有效的精度管理必须要经过严密的精度设计和计划,并按计划实施精度管理。

船舶建造精度管理的过程分为三个阶段:即制定精度计划、精度计划实施和精度评价,及实施过程,如图1.2.1所示。精度管理也是一项全员的管理活动,涉及船厂管理的多个部门和人员。船厂需要一个负责精度管理的机构来制定精度管理计划、组织实施、收集反馈信息,并进行分析评价。船厂的设计、计划、生产和物资采购等单位都是精度管理的部门,精度管理不仅涉及生产部门,而且涉及船厂所有与精度造船有关的部门和人员。精度管理要保证船舶建造工作的标准化和一致性。

精度管理计划与设计、生产和工艺联系非常密切,加工制造的误差会出现在船体建造的各个阶段,因此精度管理的关键是准确分析误差产生的具体位置并估计误差大小,正确确定采取精度控制措施的时间和部位,以便尽量减少船体大合拢时的返工修补。图1.2.2表示船体建造过程中会产生误差的阶段和地方,以及误差累积的过程。

精度管理计划用于明确船体制造过程中精度控制的关键点、关键尺寸和几何形状;明确需要进行尺寸检查的地方和方法;确定关键尺寸的公差标准;确定需要进行抽样检验的数量;确定加放补偿量的大小。

精度管理计划应该和船厂的生产计划一起制定,是船厂生产计划中的重要组成部分。精度管理的各项要求应该作为工作指令落实到相关部门和作业者。图1.2.3是船体制造各个作业阶段的精度控制内容和方法的示意图。

精度管理计划可以分成三个部分,即初步计划、详细计划和工艺计划。

1. 初步计划

初步计划包括分段划分、外板展开、建造方针。计划制定者需要研究船体设计图纸来完成初步计划。初步计划需要根据船厂的生产实践经验以及各种统计资料制定精度分配方案,要求设计部门把精度管理的各项要求反映到生产设计中去,比如船体制造的装配和焊接的次序,明确各个关键尺寸的公差要求和加放补偿量的大小等。分段划分、外板展开和建造方针中都需要明确精度管理的要求。

2. 详细计划

详细计划就是明确布置在船体制造过程中精度控制的点和方法。要保证船体大合拢的对接精度,满足规范和合同要求,船体各个作业阶段的精度控制是非常重要的。因为各个工艺阶段累积的加工误差就是大合拢对接的误差。在船体制造过程中,要对关键的控制点进行抽样检验，然后进行误差的趋势分析，如果出现异常情况，应该及时分析原因，采取措施，保证船体制造的各个作业阶段的累积误差最终能够满足大合拢的精度要求。

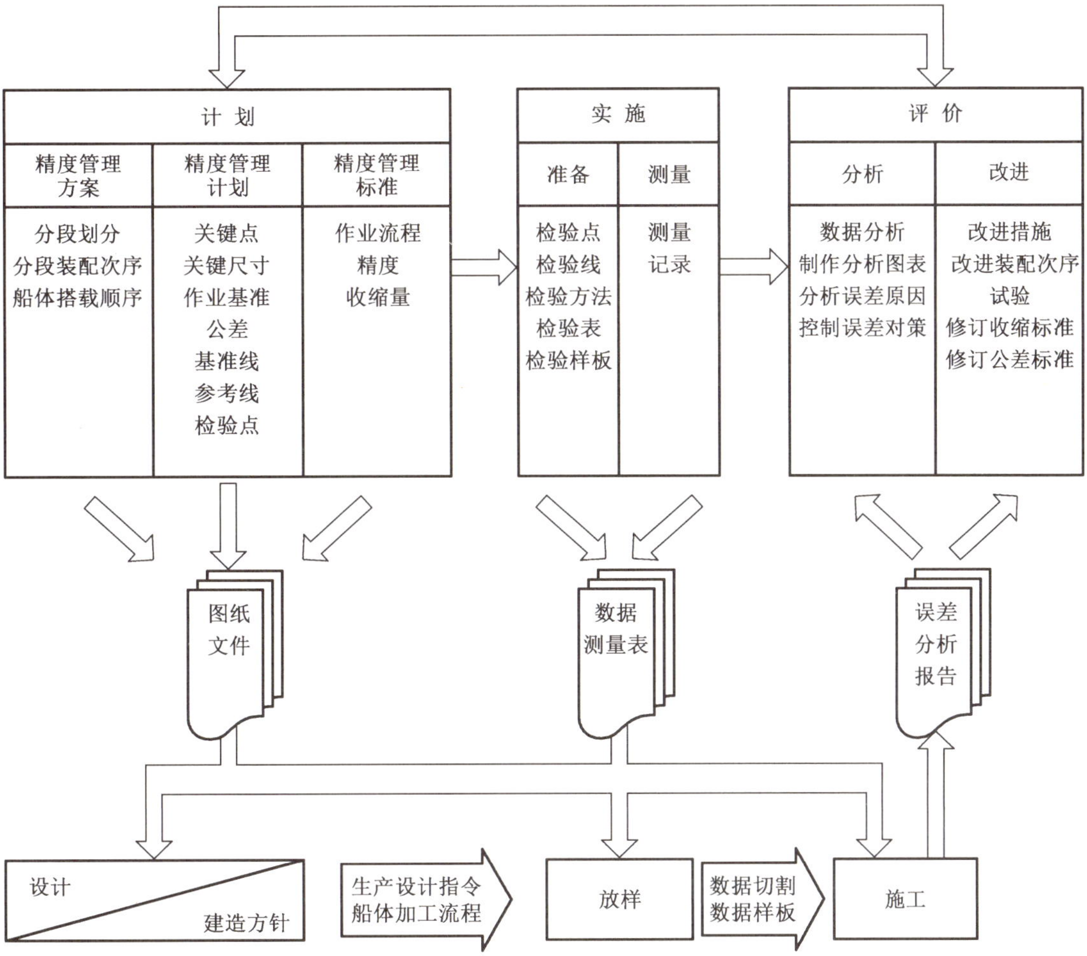

图 1.2.1　精度管理流程

船舶最终主尺度的精度要求是由规范和合同规定的。要满足主尺度的精度要求，船厂必须提出船体制造各个作业阶段的精度管理计划，制定各个作业阶段的公差标准，通过加放补偿量达到精度管理的目的，最终使所有关键控制点的尺寸误差累加不超过船体大合拢的公差要求。

各个作业阶段的精度分配标准是根据船厂自身的施工条件和工艺水平确定的。船厂应该对所有关键控制点的尺寸进行数理统计分析和检验，通过实践不断总结，建立完整的精度管理数据库并进行有效利用，最终形成适合船厂的精度管理标准。

理论上每一个作业阶段的加工误差都服从正态分布，因此可以通过迭加原理计算出最终的累积误差，每一个作业阶段的加工误差对船体大合拢的精度影响是可以预测的，一般可以通过抽样检验的方法来进行预测。

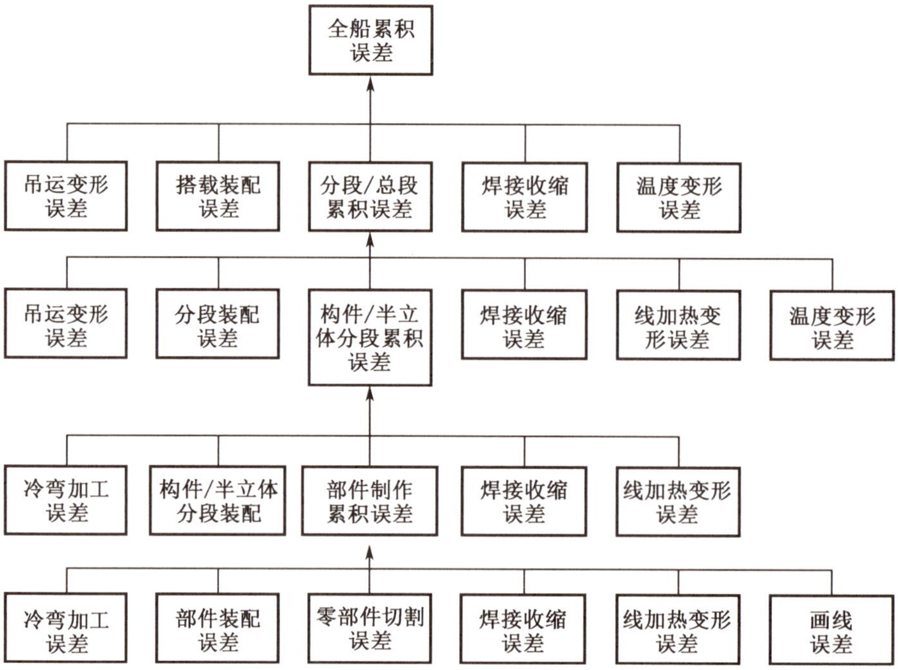

图 1.2.2　船舶制造过程累积误差

如果一个船厂有成熟的工艺标准和稳定的质量体系,则通过抽样检验对关键尺寸进行测量,可计算出每一个作业阶段尺寸误差的均值和标准方差,最终计算出船体大合拢的累积误差。因此,只要有好的精度管理工作基础,一个船厂就可以在船体制造过程中通过抽样检验来预测最终大合拢的精度水平。抽样检验需要确定基准线、参考线、检验点、样板和样箱、控制图、检查表等。基准线就是指船体的基线、中线、水线、肋骨线和纵剖面线等,作为船体高度、宽度和长度方向的基准线;参考线就是指那些从基准线派生出来的定位线、对合线、检查线等。

每一个作业阶段的产品尺寸都可以根据最终的大合拢累积精度来进行精度分配,给出公差、作业基准尺寸、补偿量等精度管理指标。为了减少大合拢时的累积误差,必须缩小每一个作业阶段的精度误差,控制每一个作业阶段误差的波动。船厂要用精度管理的办法来控制中间产品的累积误差,如零部件加工、部件制作、构件装配、分段合拢等。

3. 工艺计划

工艺计划就是确定在施工作业中采取的具体工艺措施和方法,使加工尺寸的误差能够满足精度管理的公差要求。如加放补偿量、推广适合于船舶建造的高效焊接、合理设计装配和焊接次序、应用线加热技术、采取反变形措施、实施火工矫正和吊装加强等。工艺计划的制定要具有准确性和可执行性,合理的工艺计划是进行有效精度管理的保证。

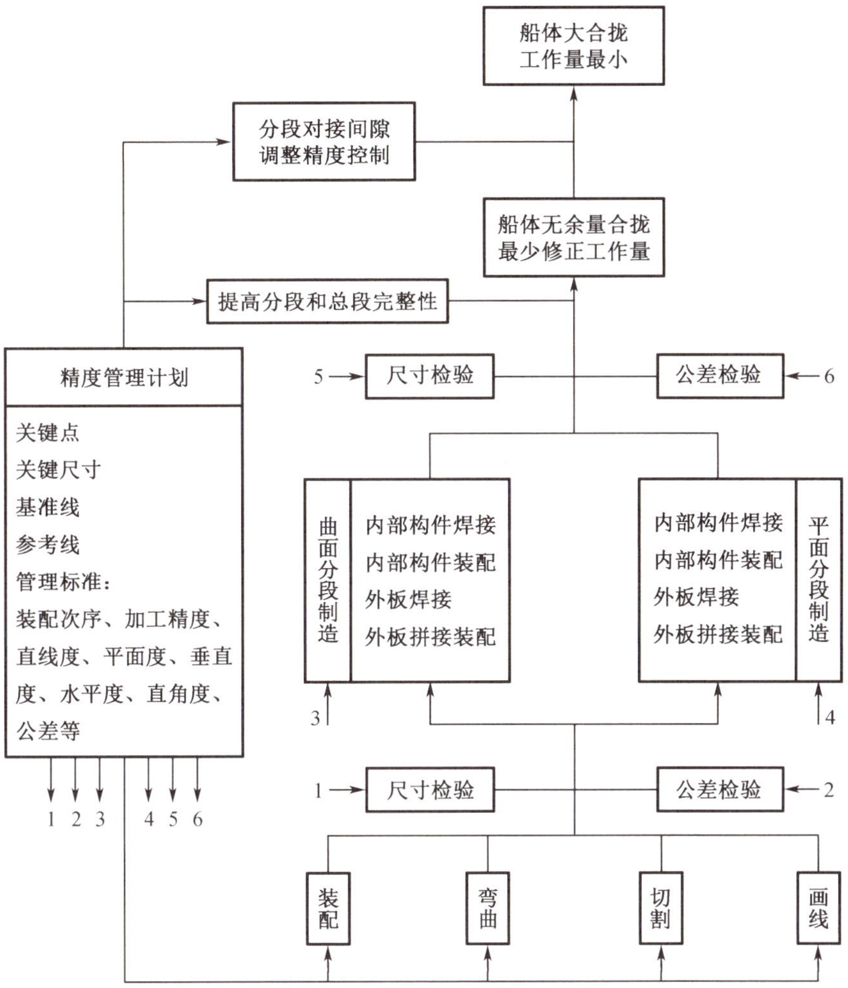

图 1.2.3　作业阶段精度控制

1.2.2　船舶建造精度管理主要技术

造船精度控制与管理是一个复杂的过程，涉及诸多学科领域。概括来讲，船舶制造精度管理技术的理论基础是数理统计和尺寸链理论，技术核心是尺寸补偿量的加放，管理内容是健全精度保证体系、建立精度管理制度、完善精度检测手段与方法、提出精度控制目标、确定精度计划和制定预防尺寸偏差的工艺技术措施。

1. 船舶建造精度管理关键技术

船舶建造精度管理在国外造船发达国家已全面实施。但目前对我国造船企业而言，其关键和核心的管理技术包括以下几个方面：

(1) 对合线基准技术

对合线基准技术主要是将船体建造各阶段，如零件、部件、分段、总段等所依据的点、线、面，采用统一对合线技术来控制精度。其中对合线包括定位线、安装线、参考线、检验线等。

(2)全船余量和补偿量加放技术

全船余量和补偿量加放技术就是用补偿量代替余量,以此尽可能减少加工、制作过程中的二次调整、二次切割等工作。

(3)变形和反变形控制技术

船体在经过切割、加工、焊接和吊装等工序后,都会产生一定的变形,但可以通过研究变形产生的因素或机理,预先采取一定的处置措施来消除或减少变形,这种技术就是变形和反变形控制技术。

(3)数理统计技术

数理统计技术是在船舶建造过程中产生各种大量数据,经过收集、整理形成完整精度数据库,然后用先进的数理方法和统计分析技术对精度数据进行分析,形成有用的反馈信息来支撑精度管理。

(5)完善预合拢模拟搭载技术

完善预合拢模拟搭载技术是利用技术三维分段建模模型,通过三维分段测量技术将实际分段建造的尺寸偏差数据测量出来,并在专用的造船精度管理软件系统中进行模拟搭载分析,用分析结果来指导具体搭载工作的技术。

2. 船舶建造精度管理的相关技术

船舶建造精度管理是一门交叉学科,涉及很多新工艺、新技术。相关的技术有数字信息技术、设计技术、装配技术、焊接技术、切割技术、成型矫正技术、测量技术、吊运技术、工装技术等。

(1)数字信息技术

现代船舶精度管理广泛应用数字信息技术,造船企业多使用 TRIBON 等船舶设计软件进行生产设计,在计算机上实现三维建模、放样,在船体零件模型上进行余量、补偿量加放。采用计算机零件放样的精度高,并能借助计算机软件及时发现建造偏差,能够及时修改。精度数据处理软件用于船体精度测量数据的处理,从而修正精度补偿量的数值,实现持续改进。对于船体分段、总段搁置、吊运时的受力变形分析,可以采用有限元分析软件来进行仿真,根据分析结果改进和加强吊运,避免船体分段、总段的变形超差。产品数据库技术和无线网络技术可方便和加快船体精度测量数据的统计、分析和处理。例如,与产品数据库技术和无线网络技术结合,新一代的精度测量全站仪可以在测量船体结构产品后,通过计算并与船体结构理论模型进行实时比较,直接给出船体结构单元的精度测量报告。

(2)设计技术

船舶设计技术中型线的简化、结构的工艺性、船体分段总段划分技术、主板排板技术和零件套料技术等都与船体精度直接相关,这些技术在应用时要兼顾考虑对船体精度控制的影响。

(3)装配技术

装配技术强调装配效率和装配质量,船体结构装配质量与船体精度关系最密切。当前的装配技术随着吊运技术和工装设备的发展而快速提高,船体搭载采用扩大中组和巨型总段建造等方法,巨型总段造船法是把由专业分段厂制造的 2 000~3 000 t 的巨型总段用浮吊运到总装厂连接成整船,这使得在建船舶的总段数量大大减少,有利于提高船舶建造速度。

巨型总段建造法对巨型总段的建造精度要求很高,从而推动了船舶建造精度管理的发展。肋板拉入法等新的装配方法对船体零件的切割和纵骨安装精度也提出了更高的要求。

(4)焊接技术

二氧化碳气体保护焊、双面埋弧自动焊、单面埋弧自动焊(FAB 和 FCB)和垂直气电焊等各种自动焊接技术已大量代替了原来的手工电弧焊,焊接收缩和变形更小,更有利于建造精度控制。目前激光焊接技术和焊接机器人技术的广泛应用,更有利于减少焊接变形、保证船体建造精度。

大间隙焊接技术可以大大减少大合拢的修割工作量。当坡口间隙超过原来的工艺要求时,以前通常采用换板的工艺,会造成材料和人力的极大浪费。现在即使焊接坡口间隙超过工艺要求,只要在大间隙焊接技术的允许范围内就可以采用大间隙焊接,避免不必要的材料和人力损失。从焊接顺序、焊接规范等工艺来看,船体分段的焊接顺序、焊接规范对焊接变形影响很大,严格按照焊接规范设计合理的焊接工艺顺序,可以减少船体结构焊接变形,从而保证船体建造精度要求。

(5)切割技术

钢板切割技术发展很快,数控等离子切割和高精度门切已取代原来的手工切割,零件切割精度提高很大(零件尺寸偏差可控制在 0.5 mm),满足精度造船的需要。目前数控激光切割机的自动化程度高,可切割任意形状的工件,采用计算机软件套料可以大大节省材料。激光切割技术作为"光、机、电一体化"的高科技加工手段,是当代板材加工的最先进的技术之一,是柔性加工、敏捷制造技术的重要组成部分。激光切割具有柔性好、精度高、速度快、割缝窄、热影响区小等显著特点,具有其他传统加工方法所无法比拟的优势。

(6)成型矫正技术

成型矫正技术包括热加工和冷加工技术。从热加工技术来看,以前的火工热弯钢板和火工矫正多是凭经验进行操作,船体零件的弯曲加工所耗费的工时较多,加工精度也不高。现在火工技术开始与数控技术结合起来,国内产学研联合开发出数控水火工弯板机,这对船体精度管理的提高有帮助。在船体分段装焊完成后,分段内部积累了大量焊接应力,如果这时拆除分段约束则易产生分段上翘变形,我们通常采取拆除约束前进行火工作业消除应力的办法,以减少分段焊接变形,保证船体建造精度。从冷加工技术来看,许多船体零件需要冷弯成型加工,曲形船体零件精度决定了船体线型精度。加工技术向数控化和大型化发展,大型三芯辊、油压机和肋骨冷弯机等加工设备是精度造船的必要设备。

(7)测量技术

船体精度的测量应用了很多的测量技术,从使用直尺、卷尺发展到激光经纬仪、全站仪等激光三维测量技术,测量的精度和方便性都有很大的提高。精度测量技术的发展直接推动了船舶建造精度管理的发展。总段(分段)激光三维精密测量和计算机模拟计算技术是日、韩造船企业广泛使用的测量定位技术,通过全站仪将总段上测量的基点数据输入到现场配置的计算机内,对测量数据进行计算、分析,快速确定定位偏差和修正数据,测量误差不超过 2 mm。激光测量定位技术的应用,大大缩短了总段吊装定位时间。

(8)吊运技术

吊运技术向大吨位发展,大型的门吊、塔吊和浮吊都应用在现代造船上,吊运能力越大,能造的船体总段越大,对船体总段精度管理的要求越高也越有利。吊运技术中船体分段总段吊环分布方案和加强方案能减少分段总段的吊运变形,减少吊运变形对船体建造精度管理也是相当重要的。

(9)工装技术

造船工装技术促进了现代造船效率和质量的提高,对船体建造精度的影响很大,如热变形小、设计合理的切割平台工装能很好地保证船体零件的切割精度;模具工装保证了船体零件的加工效率和精度;管子活络胎架工装提高了船体外板中组的建造效率和精度;搭载支撑工装保证了船体分段总段搭载定位的效率和精度;吊排等吊运工装能够控制船体分段、总段的吊运变形在精度标准要求的范围内,以保证船体建造精度。

【任务小结】

本任务主要介绍精度管理计划的制定及实施过程。有效的精度管理必须要经过严密的精度设计,并制定精度计划,严格按计划进行精度管理。船舶建造精度管理的过程分为三个阶段:即制定精度计划、精度计划实施和精度评价。精度管理计划可以分成三个部分,即初步计划、详细计划和工艺计划。

造船精度控制与管理涉及诸多学科领域,其理论基础是数理统计、尺寸链理论,技术核心是尺寸补偿量的加放,管理内容是健全精度保证体系、建立精度管理制度、完善精度检测手段与方法、提出精度控制目标、确定精度计划和制定预防尺寸偏差的工艺技术措施。

船舶建造精度管理的相关技术有数字信息技术、设计技术、装配技术、焊接切割技术、成型矫正技术、测量技术、吊运技术、工装技术等。

【综合练习】

思考题	总结
1. 精度管理计划可以分为三个部分,这三个部分都包括哪些内容? 2. 船舶建造精度管理的关键技术有哪些?	

任务1.3 精度标准

● 基本知识

1.3.1 精度标准的作用

精度管理标准是船厂为确保船舶建造的精度控制在企业标准范围内而制定的作业要领与管理基准，是造船企业长期以来在船舶建造中实施精度控制的经验总结。

作为船舶建造的精度管理标准，既要反映优秀操作人员的最佳作业方法与所应控制的精度数值，又要满足企业精度标准的有关要求。精度管理标准包含船舶建造过程中，从构件加工、组立装配、分段总组直到船坞搭载建造的全过程，各个工程阶段都应该建立并遵循精度管理标准。

精度标准作为造船企业推行精度管理的依据，涉及船舶建造的各个部门和工艺过程都应当按照精度标准的要求来执行，比如生产设计部门对零部件余量、补偿量加放的依据，生产车间对于零部件切割、装配、焊接的精度控制，以及精度部门对重要生产环节以及重要中间产品的精度验收等工作都必须按照精度标准来执行。

造船企业会根据精度管理的对象不同制定不同的精度标准，主要包括补偿量标准、精度检验标准、精度控制基准、精度测量表和基准线设计基准等。精度补偿量包括切割补偿量、加工补偿量、装配补偿量和焊接补偿量等方面，一般通过现场多次测量或理论计算得出补偿量数值，再通过生产设计反映在船体零件上，然后在主船体完工后通过测量主尺度来检验补偿量的正确性，通过测量值修正补偿量数值。精度检验标准是根据精度目标细化到船体建造各工序阶段的精度要求。精度工艺标准是指造船企业在制定工艺标准时，为保证制造精度提出的精度要求，在加工、装配工艺和焊接工艺中尤为重要。

1.3.2 精度标准的分类

1. 按适用范围分类

船舶建造精度标准按适用范围一般可分为行业标准、企业标准和作业基准三类。

(1)行业标准

行业标准是指船舶行业制定的标准，既要满足国内造船业船舶建造精度的质量水平，又要满足国外有关标准的要求，它是为了满足性能和质量要求而必须遵守的技术文件。

我国船舶标准化技术委员会1983年颁布《船体建造精度标准》(CB 3136—1983)和《中小型船舶船体建造精度标准》(CB 3195—1983)，1995年以《船体建造精度标准》(CB/T 3136—1995)和《中小型船舶船体建造精度标准》(CB/T 3195—1995)代替原有标准，2005年根据新工艺技术的应用，以《中国造船质量标准》(CB/T 4000—2005)的第三篇第一章代替 CB/T 3136—1995 和 CB/T 3195—1995，关于造船精度的行业标准还在进一步的完善之中。

我国军用舰船的建造精度，必须满足舰艇建造的有关规范（中华人民共和国军用规范（GJB）和中华人民共和国海军规范（HJB）的要求。

国外也有船舶建造精度的相关行业标准，如日本造船精度标准、德国造船加工标准、俄罗斯船体制造精度标准等。

（2）企业标准

企业标准是依据本企业实际技术能力和生产状态制定的标准。企业标准是船厂为确保产品建造精度达到行业标准要求而制定的一种“内部控制标准”。作为造船企业的船舶建造精度标准，既要反映本企业船舶建造精度的质量水平，又要满足行业标准的有关要求。对于船体特殊结构的建造精度，可在企业标准的基础上予以补充，或另行编制某产品建造的专用精度标准。目前国内大型船厂如江南造船（集团）有限公司、沪东中华造船集团有限公司等都有自己的企业精度标准。

企业标准是制定行业标准的基础，行业标准又是制定企业标准的依据。

（3）作业基准

作业基准是船厂为确保船舶建造精度能控制在企业标准范围内而制定的作业要领与作业精度标准。作业基准是船厂长期以来在船舶建造中实施精度控制的经验总结，作为船舶建造的作业基准，既要反映优秀操作人员的最佳作业方法与所应控制的精度数值，又要满足企业标准的有关要求。

作业基准内容包括船舶建造各工种或工序的通用工艺、各作业准备工作要求（设施与工具等）、作业顺序和方法、报验阶段与精度目标值等。制定与贯彻作业基准是确保船舶建造精度的有力措施，也是推进精度管理深入开展的基础工作。

任何作业的尺寸精度在施工时都会有一定程度的变化，这种作业的误差分布通常是正态分布，可以用数理统计原理来进行分析。制定出一套规范的作业基准，就可以控制这种变化，获得作业的一致性。精度管理的关键就是要通过一定的作业控制，使随机的作业误差服从一定的变化规律。因此，制定精度管理的作业基准，并使作业符合作业基准的要求是精度管理人员的首要工作。

在精度管理初期，船厂可以运用精度管理办法，对实际加工尺寸进行精度控制，对测量的误差进行分析，采取适当的工艺措施，使余量尺寸逐步缩小，最终缩小到与补偿量相等的水平，这样就把余量变成了补偿量。补偿量可以使船体尺寸在切割下料时一次加工到位，焊接坡口一次加工完成，不需要在船体大合拢时切割余量，从而使船体大合拢分段搭载的两次定位为一次定位，大大缩短了船体大合拢的作业时间，改善了作业环境，缩短了船台周期，有利于提高造船效率。

在实现补偿量代替余量的过程中，船厂可以采用逐步逼近法，把切割余量的作业阶段逐步前移。第一步，可以把原来在大合拢阶段切割的余量前移到分段合拢阶段割除，再进行无余量船体大合拢。第二步，把余量再前移到外板拼板阶段割除。这样逐步前移，最终实现在钢板下料切割时一次留足补偿量，再也不需要在任何工艺阶段切割余量。这种精度管理的推进方法，可以使船厂精度管理体系逐步提高、完善，最终实现全部的真正意义上的无余量造船。

由于船厂产品和生产结构的调整,会引起焊接材料特性、焊接方法和焊接次序的变化。因此,在实际生产过程中焊接收缩量变化也是经常出现的。所以,补偿量标准必须根据现场实际测量的数据来决定,环境和条件不同,作业方法和焊接次序不同,补偿量标准也应该不同。对于精度管理来说,基准线和参考线的运用是非常重要的。尺寸误差的测量需要基准线和参考线,实际装配作业也需要基准线和参考线。因此,基准线和参考线的标准必须满足实际生产和采集尺寸数据的需要。

2. 按施工方法分类

造船精度标准按施工方法一般可分为公差标准、作业基准和尺寸精度标准等类别。

(1)公差标准

施工人员必须了解实际加工精度的现状,收集每一道工序的尺寸加工精度资料,明确每一道工序的公差标准。公差标准内容主要包括:全船的精度管理加工尺寸、尺寸的加工精度应该控制的水平、需要加以控制的工艺环节和控制方法、对加工尺寸应该设定的公差水平等。

精度造船的公差标准分为两种:一种是最终船舶尺寸的公差标准,这种公差是由规范和合同规定的,是市场和客户的要求;另一种是生产过程中的公差标准,这种公差标准要求各道工序的累积误差能够满足最终船舶尺寸的公差要求。在能够满足最终船舶尺寸公差要求的前提下,生产过程中的公差标准水平要考虑如何提高生产效率和降低生产成本。

精度造船的公差标准应该体现在全部的造船生产过程中。公差应该能够反映船厂的实际作业水平,上下公差应该是通过对大量实际测量的作业尺寸进行数理统计计算后确定的,同时确定这一作业误差的均值和标准方差。船舶建造过程中,要求员工实际控制的尺寸作业基准不是实际意义上的上下公差,实际的作业基准应该小于上下公差,通常应能够代表95%以上员工的作业水平。

公差和作业基准都是每一个中间产品加工尺寸的质量标准,不符合公差要求的中间产品必须返工,对符合公差要求而不符合作业基准的中间产品,虽然符合质量验收的要求,但是必须分析原因,采取措施,使今后的加工产品能够完全符合作业基准的要求。一个船厂的公差标准和作业基准应不断地提高和完善,并根据船厂加工水平和工艺流程的进步不断地修正和改进。

精度造船的难点是控制船体大合拢的分段对接精度。通常船厂都在分段接缝处留有余量,这种工艺方法的优点是不需要严格的公差要求,对分段制造过程中的尺寸精度控制比较容易,但在分段对接装配时,需要进行两次定位,还要切割余量,采用起重机时间长,劳动生产效率低下。

现代精度造船追求在分段接缝处不留余量,板材在车间下料切割时就已经开好大合拢焊接坡口。在分段制作的过程中,充分运用精度管理方法,计算出各个工艺阶段由于焊接产生的板材收缩量,通过在下料时对板材事先加放补偿量的办法,来代替焊接产生的收缩量,从而使分段大合拢的对接尺寸精度能够直接满足公差要求,不再需要进行切割修补,这样就大大节省了时间和成本,提高了生产效率。如果分段制作的尺寸超出了大合拢对接的公差要求,就需要进行返工修补、切割或者堆焊。由于船体大合拢的作业条件和环境比车间和平台恶劣许多,因此精度造船一定要避免分段大合拢接缝的超差。一旦出现这种异常情况就必须分析寻找原因,立即采取措施排除。

为了保证船体大合拢分段的对接精度,不出现返工,就要求船厂的船体作业基准和工艺流程必须保持一致性,这样分段制作的加工误差就能得到比较好的控制,从而保证分段制作的累计误差能够控制在船体大合拢的公差要求范围内。有了固化的作业基准和工艺流程,分段制作过程中的加工误差就能比较好地服从正态分布,其抽样检验的均值和标准方差也能得到比较好的控制,分段大合拢的累计误差通过叠加计算也就比较容易得到跟踪控制。

一般船体制造阶段性的精度控制点主要有以下几个方面:在零部件加工阶段主要以划线、切割、弯曲成型等工序的控制为主;在部件制作/构件装配阶段主要以部件装配、焊接、火工矫正等工序的控制为主;在分段合拢阶段主要以外板拼板装配、外板拼板焊接、内部构件装配、内部构件焊接、翻身装配焊接等工序的控制为主;在船体大合拢阶段主要以定位装配、分段对接焊工序的控制为主。

(2)尺寸精度标准

为了控制最终阶段的积累误差,需要在各个作业阶段制定尺寸精度标准。精度管理标准通常是根据船厂长期精度管理的经验总结出来的,能够代表一个船厂精度管理的水平。同时随着精度管理技术的不断提高,其标准还要在实践中不断地改进和完善。

船舶建造过程中,为了使最终的积累误差可以预先得到有效控制,所设定的公差标准应该大于作业基准。作业基准代表绝大多数人的作业水平,应该在95%的样本误差概率范围内;实际施工的质量在作业基准内的,属于正常、合格的;在作业基准外,但在公差标准内的,属于合格、不正常的,可以继续施工,但需要引起重视,并寻找异常的原因,立即排除,使系统恢复正常;超出公差标准的,属于不合格、不正常的,应该停止作业。

为了使加工误差能够控制在作业基准之内,保持作业水平的一致性是非常重要的。因为作业的一致性越好,加工误差的可控性就越好。这样就容易保证加工误差控制在公差标准范围内,最终的积累误差也就比较容易控制。因此,为了保持作业水平的一致性,加强施工工艺的标准化,加强员工的作业培训,严肃工艺纪律是非常重要的。

1.3.3 精度标准的制订

精度标准的制订要依照一定的原则。船舶建造精度标准既要满足船舶结构强度和设计性能要求,又要满足建造过程中船体零部件、分段和总段在各工艺阶段的有效配合,以控制各工序的完工质量。

船舶建造精度行业标准或企业标准的制订均需遵循下列原则。

(1)满足船体结构强度与性能要求。制订船体建造精度标准的基本原则应满足船体结构强度要求,也就是规定船体建造的精度以允许界限内其强度下降不超过10%为原则。这个原则应用于对接接头或十字接头错位的精度标准中,这种偏差范围称为允许极限。在满足强度要求的同时,还必须注意满足船体设计性能上的各种要求。如船体完工主尺度精度将直接影响到船舶航行时的排水量、稳性和快速性。尾柱分段的安装精度又将直接影响轴系与舵系的效用和航向稳定性。

(2)符合有关规范、规则与国标、船标的规定。船舶建造规范、规则与国标、船标均是为确保船舶性能、航行安全和建造质量制订的,必须严格执行。对其中涉及船体建造精度的有关项目与内容,必须作为制订精度标准的依据。

(3)契合船厂的工艺技术水平。制订船体建造精度标准必须考虑船厂设施条件和工艺技术水平,否则标准脱离实际可能无法执行。企业在制订精度标准时,还要参照企业的主要产品,将某些船体特殊结构的精度要求纳入企业标准。

(4)具有先进性和经济性。制订船体建造精度标准,既要考虑标准具有一定的先进性,以促进船厂工艺技术水平的提高;又要在保证船体建造质量的前提下,考虑工艺技术的可行性与经济上的合理性。

精度标准制订必须结合造船企业的实际情况,制订的依据如下。

(1)国内外有关船舶建造精度标准

我国要成为造船强国,必须向国外造船先进标准靠拢。制订船体建造精度标准也必须要参考国内外有关船舶建造精度标准,并力争赶超。例如,我国的船舶行业标准《中国造船质量标准》(CB/T 4000—2005)中,船体主尺度的标准范围是参考日本、德国的精度标准确定的。在制订企业标准时,除参考国外有关精度标准外,还要收集国内有关船厂的企业标准作为参照。

(2)强度的分析论证

在制订精度标准、确定允许界限数值时,采用强度分析论证的方法是标准制订的科学依据,也是使精度标准保持先进性和经济性的必要手段。强度分析可以通过疲劳强度试验证实,例如应用于对接接头或十字接头错位的精度标准中。为经济、合理、可靠地制订精度标准值,随着条件许可,逐步扩大对强度的分析论证将是必然的趋势。

(3)设备精度的测定

船体建造精度受到设备精度的影响,特别是数控切割机对零件加工精度影响很大。这就需要测定切割机的加工精度,将设备的固有精度作为制订切割精度标准的依据。

(4)数理统计分析

通过大量实测数据证实,船体建造精度的分布规律多为正态分布。对于放样、划线和加工精度的制订,可通过对实测值做数理统计后按正态分布律确定建造精度的标准值与允许值,一般能满足生产要求。

(5)经验估算

通过数理统计方法得到的精度标准,虽然是一种以实践为基础的科学统计值,但由于各船厂的设备、生产条件和施工工艺不同,要确定能满足生产实践所需要的最佳标准范围,必须对数理统计值进行经验估算,做适当的修正。

船舶精度标准制订后不是一成不变的,随着科学技术的发展与船体结构力学理论水平的提高及船体建造工艺装备的更新,它必然不能适应新技术的需求,应定期进行修订,使精度标准逐步完善并保持一定的先进性、合理性和可行性。修订船体建造精度标准的依据是:

(1)国内外有关的精度标准、规范和规则。

(2)精度对结构强度影响的程度,需进一步通过强度分析论证,以取得科学的结论。

(3)新设备、新材料、新技术、新工艺的应用,必将对精度标准的项目和内容提出新的要求。

(4)船体建造工艺技术的提高。

(5)精度管理中的数理统计数值。

船舶建造精度的行业标准一般两年修订一次,企业精度标准可根据自身条件定期进行修订。标准修订的原则和依据与前面的标准制订类似。

精度标准的提升依赖于精度管理和相关技术的研发,应加强船舶精度管理与过程控制技术的研究,比如补偿量建模系统研究、建造过程中的检测和调整技术研究,以及建造过程中影响变形因素的机理研究等工作都需要长期跟踪和研究,成熟的科研成果才能应用到精度标准中。

只有认清造船精度管理的内容、明确精度管理的实施步骤、采用先进的测量手段及制造工艺、加强造船过程管理、完善精度管理标准,才能不断提高精度管理水平,适应现代造船模式需要。

【任务小结】

本任务主要介绍精度相关标准的分类。船舶建造精度标准按适用范围一般可分为三类:行业标准、企业标准和作业基准;按施工方法一般可分为公差标准、作业基准和尺寸精度标准等类别。精度标准的制订要依照一定的原则。船舶建造精度标准既要满足船舶结构强度和设计性能要求,又要满足建造过程中船体零部件、分段和总段在各工艺阶段的有效配合,还必须符合相关的法律、法规要求,并结合造船企业的实际情况。

【综合练习】

思考题	总结
1. 船舶建造精度标准可以分为哪几类? 2. 制订船舶建造精度标准需要考虑哪些因素? 3. 简述我国造船精度标准的发展历史。	

项目2

船体建造工艺阶段的精度控制

• 项目描述

分段造船是现代流行的船舶建造模式之一，但船体结构总是从零件加工开始，经过组立、分段装配，最后在船台、船坞搭载，中间会经过多道工序，产生很多具有不同特点的中间产品。船舶根据结构特点、吨位大小而划分的分段数量不同，由于船体结构复杂，大多数分段都是立体分段，装配所需要的板材、型材、组立数量比较多，为了保证装配精度和焊接质量，装配工艺也较为复杂，船体建造的精度控制也需要在建造工艺中实现。本项目将参照船体建造的工艺阶段介绍精度控制的方法。

• 知识框架

船体建造工艺阶段的精度控制

- 任务2.1 零件加工阶段的精度控制
- 任务2.2 板材拼接的精度控制
- 任务2.3 组立的精度控制
- 任务2.4 分段建造的精度控制

任务2.1　零件加工阶段的精度控制

● 基本知识

2.1.1　零件切割精度管理

船体加工车间的主要工作是材料的切割下料和部材的加工。加工阶段的作业流程复杂,管理难度大。为了控制加工作业精度、保证作业质量,必须详细确定精度管理点,规定作业操作要领,并在要领中规定各类作业的管理位置、管理基准及允许界限。

在零件加工之前要先保证放样、套料的精度,而加工过程的精度管理主要内容包括切割机的精度管理、加工部材精度管理、实名制管理以及切割缺陷的管理等。切割阶段的精度控制主要包括:

(1)胎架检测

每周应对板材下料胎架及切割机轨道精度检测一次并记录,确保符合精度要求。

(2)设备检测

板材就位后应进行等离子和火焰切割机进度检查,应每日空走三遍,测量模拟切割尺寸。

(3)初始检测

在每天切割第一块板材时应随机择样检测实际切割尺寸和坡口角度,在确认切割精度在允许误差范围内时,方可继续切割。

切割机是板材切割和下料的主要工具设备,保证数控切割机的良好状态是保证切割精度的关键。切割机的精度检查主要包括枪头高度检查、枪头偏移测试、切割机划线粗细检查和切割机定位精度检查等项目,一般通过切割试板、检查对角精度等方法来检验。

切割机操作手每日切割前首先进行试板的切割,并对数据进行记录。每日一次,在试板上标记尺寸切割时间,由精度检查员确认。

每日切割工作开始前还要进行对角精度检查。在原材料上对 100 M. K 标记线进行检查,标记线尺寸在 8 000 mm×2 000 mm 以上,确认对角精度后记录数据,由精度检查员进行确认。

切割机精度测试频率应满足实际要求,可以参考表 2.1.1。

表 2.1.1　精度测试频率要求　　单位:mm

精度测试项目	频度	标准范围
(1)枪头高度的确认	1 次/班及尺寸超差时	标准值±0.5
(2)offset 测试	1 次/班及尺寸超差时	±0.5
(3)划线粗细的确认	1 次/日	1±0.5
(4)定位精度及对角线测试	1 次/周及机器异常停止后	0~1
(5)连杆机构原始高度	半年 1 次或离散值较大时	—

板材切割精度基准可以参考表 2.1.2。

表 2.1.2　NC 切割机板材切割精度基准

序号	精度测试项目	标准范围	允许界限
1	粗糙度/mm	0.10	0.20
2	切割边直线度/mm	≤0.4	≤0.5
3	坡口角度/(°)	±2	±4
4	直角度/mm	2/1 500	—
5	切割宽度/mm	0.5	—
6	切割长度/mm	0.5	—
7	切割胎架/mm	±10	±15
8	切割机轨道/mm	±2.5	±3

零件切割精度的检验以施工队自检、互检为主,但精度管理部门也有重要的监督责任。精度管理部门每天至少抽查检测一次,抽检重点为切割、加工是否符合要求,喷粉线、切割尺寸、对角线、切割角度是否符合精度要求等,并检查施工人员自检记录数据的真实性,以便及时发现问题,如有必要应对施工人员进行技能培训,并落实精度责任。

切割精度检查单　　对角切割精度检查单　　气割精度管理标准　　气割尺寸偏差基准

2.1.2　零件加工精度管理

组成船体结构的零件主要包括板材和型材,船体的外板、各种平台板、舱壁等都要用钢板制成,而船体内部结构骨架多由型材构成,为适应船体的曲度,板材和型材要弯曲成设计的形状,这就是零件的成型加工过程。成型加工包括型材成型加工和板材成型加工。

平直板材一般经过边缘加工即可；对于非平直的板材，在边缘加工后尚需经过弯曲成型加工。目前最常用的弯曲成型加工方法有辊弯、压弯、折弯和水火弯板，可以分为冷加工和热加工两大类。

船体零件冷加工的原理，是利用钢材在常温下、外力作用时的可塑性，使用弯曲、冲压性、冲剪性等手段达到成形的目的。冷加工之后材料会有残余变形，产生冷作硬化现象，强度提高、塑性下降。研究表明，对一般钢材，当弯曲半径大于 10 倍板材厚时，材料机械性能的改变并不影响产品的使用性能，在加工工艺中适当注意即可。

为提高加工效率、保证加工精度，成型加工时要划出加工线。表 2.1.3 是常见板材冷弯加工的加工线。

表 2.1.3　常见板材冷弯加工的加工线

板件形状	加工线划法	加工线示意图
圆筒形板材	(1)加工线即为筒体展开后的母线。 (2)板件展开方向的两端应进行预直边加工(俗称闷头)和预弯加工，按圆弧铁样候样，预弯长度等于轧弯机两下辊中心的间距除 2	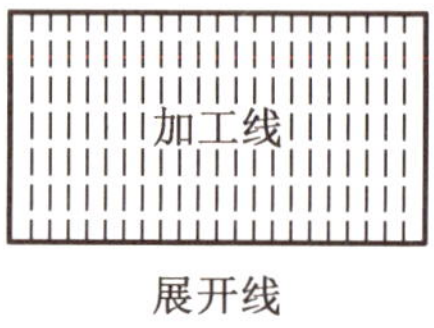
圆锥形板材	(1)加工线即为圆锥体展开后的母线。 (2)展开后的形状为一扇形，轧弯时一般分为三个加工区，板件展开方向的两端须进预弯曲，弯曲加工时也是由两端向中心区顺序进行，板件的上下、大小口端各用铁棒候样，三个加工区的过渡段须垫垫板轧制圆顺	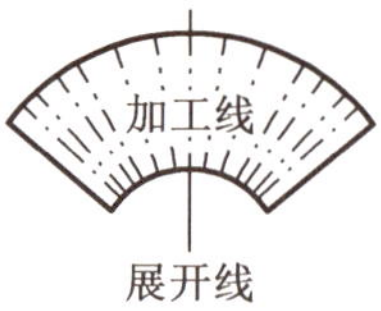
单向扭曲板材	将单向扭曲板件视为斜置于圆柱面上的板，其加工线则为圆柱面展开后的母线的一部分，是否采用预弯，则须视其弯曲度而定	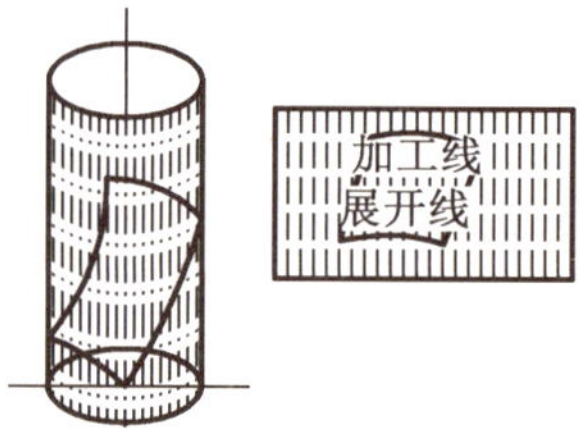

冷、热加工的基本工艺流程相似。热加工过程要根据不同材质，按照标准规定温度进行加热和冷却，以期达到最好的效果。加工过程要注意实时进行精度检查，完工之后要进行完工检测，按要求对加工成型的型板曲面与样板的间隙、三角样板检验线的直线度、拉线与样板上基线的偏差、肋位方向与样箱的间隙、长度方向与样箱的间隙等进行自检，使之达

到精度标准要求。

零件加工精度基准可以参考表 2.1.4。

表 2.1.4　零件加工精度基准　　单位:mm

板型	精度测试项目	标准范围	允许界限	说明
单曲度板	曲面与样板间隙	≤2.5	≤5.0	每档肋距内
	三角样板检验线直线度	≤2.5	≤5.0	
双曲度板	拉线与样板基准线偏差	±2.0	±3.0	每档肋距内
	肋位方向与样箱的间隙	≤4.0	≤5.0	
	长度方向与样箱的间隙	≤3.0	≤5.0	

水火弯板加热基准

水跟踪冷却对水火弯板效果的影响

【任务小结】

本任务主要介绍了船体零件在切割和成型加工中的精度控制。切割工艺的精度主要是对切割机进行严格精度管理,按要求和频次对切割机常规精度检验项目进行检查。型材和板材的成型加工主要有冷加工和热加工两种方式,为保证加工效率,一般需要划出加工线,在加工过程中实时进行精度检查,零件的加工精度要满足精度基准的要求。

【综合练习】

问答题	总结
1. 请说明如何保证零件切割工艺中的精度?切割机的管理一般要考虑哪些因素? 2. 热加工中的水火弯板工艺原理是什么?并说明水火弯板加工效果的影响因素。	

任务2.2 板材拼接的精度控制

● 基本知识

船体结构实际上是由板材和型材形成的空间结构，每一个分段都由板材和型材组合而成，所有的型材都依附在板材之上，所以作为分段重要结构组成部分之一的板材必须按设计要求进行拼板施工。

拼板是指由组成分段的两块或以上的钢板经定位、拼装、焊接成更大面积板材的过程。由于很多钢板经过成型加工都形成了曲面形状，而且板材拼接和划线是后续小组生产的基础，所以拼板过程中的精度控制既是难点又是重点。

板材有平面和曲面两种类型，在拼板时精度控制的难度不同，所以一般造船企业对两种类型板材拼接的精度要求不同。小型船舶制造企业或精度控制水平有限的企业，往往需要在拼板时人工定位，经测量后人工划出构件线、板材中心线、肋位线等位置线，需要严格控制划线的精度。

自动化程度较高的造船企业一般多采用数学放样、数控切割的方法生产板材零件，数控切割时，板材上的结构线可以在板材切割时由切割机自动划出，此时后续装配骨材或板材时无须再次划结构线。

2.2.1 平面板材拼接及精度控制

一般情况下，船舶的底部、舷侧、夹板等部位都存在很多平直板材，因此这些部位的分段一般会在装配平台上进行。在装配平台上进行拼板时其对接较为简单，主要通过对准两块板材上的肋位线或纵骨线来对位，一般只需根据板材厚度和对接方式，按照相关规范和精度标准开好对应的坡口形式，按工艺要求控制拼板间隙，按设计好的焊接工艺流程施焊即可。

平面板材拼焊精度控制项目主要包括坡口角度、平板间隙预留、焊接收缩和翘曲的控制、焊角尺寸等焊接质量要求。其中坡口角度在焊接工艺中有详细规定，而造船企业的焊接工艺是参考《材料与焊接规范》等船舶行业标准和国家标准制订的。

一般情况下，当焊件厚度较大时，常在板边开有一定形状的坡口。坡口的作用是使电弧能深入焊缝的根部使根部焊透；钝边是为了防止烧穿。

对接接头的坡口形式常见的有 V 形、X 形、U 形和双 U 形几种，如图 2.2.1 所示。

焊接之前的装配间隙也需要符合精度标准及相关规范的要求，装配间隙的大小与焊接工艺有关，如不合格需要现场调整后再施焊。装配间隙可以参考表 2.2.1 进行控制。

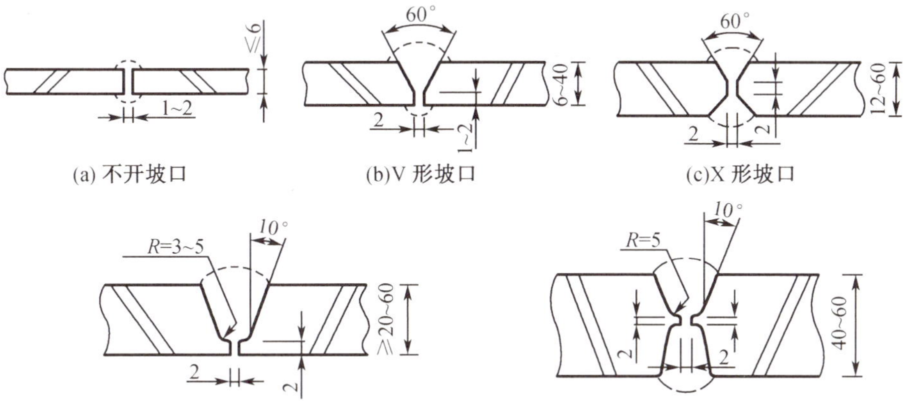

图 2.2.1　对接形式的坡口形状(单位:mm)

表 2.2.1　装配间隙　　单位:mm

项目	检验内容	精度标准			检验方法
		标准范围		允许范围	
对接缝	装配间隙 a 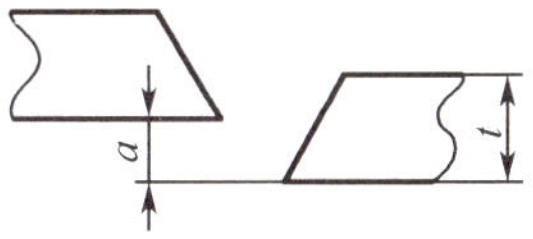	主要构件	≤0.1t 且≤3	≤0.15t 且≤3	短钢尺测量
		次要构件	≤0.15t 且≤3	≤0.2t 且≤3	
手工、CO_2 焊对接缝	剖口根部间隙 a 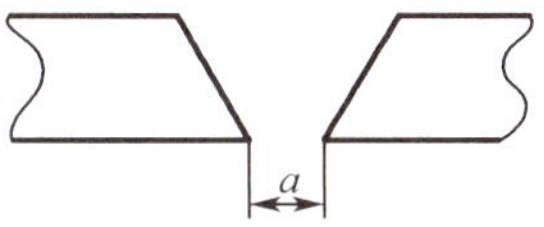	手工、CO_2 焊	≤3.5	≤5.0	塞尺测量
		CO_2 单面焊(带衬垫)	2≤a≤8	a≤16	
角接缝	装配间隙 a 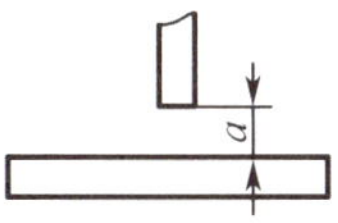	≤2		≤3	塞尺测量
搭接缝	装配间隙 a 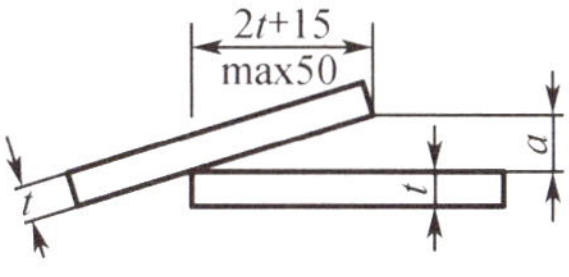	≤2		≤3	塞尺测量

不同厚度的板材对接要根据工艺要求做好焊接过渡，尤其是要注意板材的理论线位置，还要考虑余量预留位置及大小。

2.2.2 曲板的拼接及精度控制

船体结构中的曲板主要是船体外板，大多数是双向曲度或复杂曲度板，尤其在船首、船尾曲度更大。

曲面板材在成型加工过程中很难保证其精度，所以成型加工的精度要求也比较低。一般情况下曲面板在切割时多留有余量，有些造船企业能做到在相邻两边留余量，多数企业一般四边留 30 mm 或 50 mm 余量。曲面板材在弯曲成型加工之后，经检测、划线后一般要割除部分余量。

而对于多块曲面外板的拼板施工，其精度控制难度仍然较大，要根据相关工艺要求预留板材焊接变形量。曲面板材的拼板施工中的精度控制要注意以下几点：

(1)吊线锤确认外板端面与平台上的地线位置一致，并调整对角。

(2)要确认外板的长、宽等尺寸，调整地线使其一致。

(3)用线锤调整地线作业时，要注意保持分段高度。

(4)长度方向端差超出许用范围时，艏艉方向可进行调整作业，但当长度方向板长不足时，只能在不超出管理基准范围内进行调整。

(5)板缝和搭接的端部四点要一直挂着线锤，随时确认。

(6)为了保证板缝和搭接的端部的直线度，拼板合拢部的地线位置要确认。

曲面板材的拼板施工中要注意板材的固定，最大限度地减少变形。

2.2.3 平面板材划线及精度控制

拼板完成之后的后道工序一般是在板材上安装型材等结构构件，显然这些型材的安装也不能盲目进行，需要提前在平板上划出定位线等线条，这个施工过程就叫板材二次划线。

对于平面板材，如果能够保证拼板的精度，那么在板材切割工艺当中就可以由数控切割机划出板材上的结构线，拼板完成之后对这些结构线也要进行二次精度检查，合格之后可以用于后续的构件安装。

当船舶建造企业自动化程度不高时，比如焊接必须由人工进行时，显然无法控制焊接收缩；虽也可在船舶设计过程中考虑到构件线、装配线，切割机也能够划出，但后续生产对板材的精度控制不高，构件装配时结构线偏差较大，需要重新做精度检测进行二次划线，因此为了避免不必要的麻烦，大多数造船企业在板材切割时就不划出结构线等型线。

图 2.2.2 是某散货船平直外底板的拼板，拼板之后需要检查拼板后的板材、长度、宽度、对角线长等精度检查项目，为此需要按照造船企业“施工基准线基准”划出施工基准线；同时由于需要安装纵骨所以也需要划出纵骨安装定位线。

图 2.2.2 中，板材上要划出构件的安装线，如图中为角钢位置线，所划型线为构件的理论线，装配时要考虑构件的厚度朝向；其次要划出板材中心线、对角线以供板材精度检查测量使用；此外要划出施工基准线，以四条基准线在四角的交点为参考，检查板材的长、宽等尺寸。

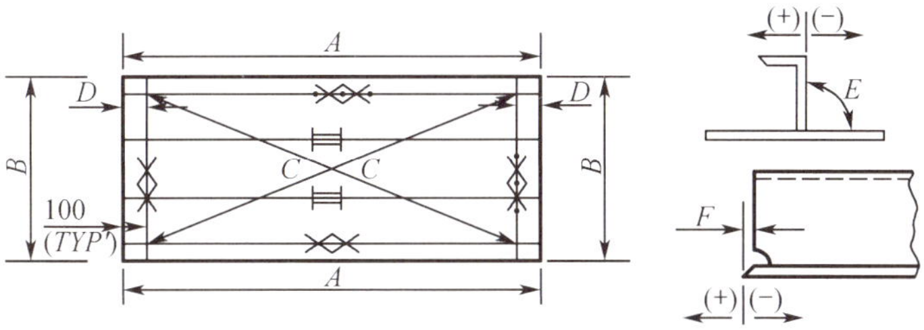

图 2.2.2　平面板材划线示意图(单位:mm)

如果板材在某一端留有余量,则需要划出余量线,测量确定多余量大小并割除。

根据装配的需要,其精度管理标准如表 2.2.2 所示。

表 2.2.2　精度管理标准

单位:mm

检查位置	检查项目	管理基准	允许界限	备注
A	长度	±2	±3	
B	高度/宽度	±2	±3	
C	对角线	±3	±4	
D	基准线	±0.5	±1	
E	纵骨角度	0~+3	0~+5	
F	纵骨端差	0~−1	+1~−2	

2.2.4　曲面板材划线及精度控制

曲面板材的精度控制难度较大,根据曲面类型和复杂程度,在曲面板设计时会在某相连两边,甚至四边都留有余量。

一般船体中部单向曲度板或简单双向曲度板可在两边留余量,余量大小在 10~50 mm;艏艉复杂曲度板一般要在四边留余量,余量在 30~100 mm。

曲面板在未留余量的一端要划出装配基准线,有余量边还要划出余量切割线,内部划出横纵骨材构件线等。

图 2.2.3 中的曲面板的划线施工过程一般按以下顺序进行:

(1)在确认分段的长、宽、直线度、对角尺寸的同时进行拼板作业。

(2)确认上下方向组立基准线(100M.K)时,舷侧外板以第一根构件或甲板或 STR 构件线为基准,确认地线并划线;船底外板则在内侧板上,偏 100 mm 位置确认地线并划线。

(3)内部件划线以组立基准线或甲板、STR 线为基准,根据二次划线图划线。

(4)甲板横向构件、角焊缝接头的肋骨框架等基准线尺寸需要另行划线。

如果要安装纵骨,可以参考图 2.2.4,按下面步骤进行精度对位:

(1)移动纵骨到构件线位置,合拢两端口和肋位位置要准确地对位;

(2)调整主板和纵骨的基准线对位,使端差控制在合格范围内;

(3)检查对角线尺寸,调整骨材端部的角度。

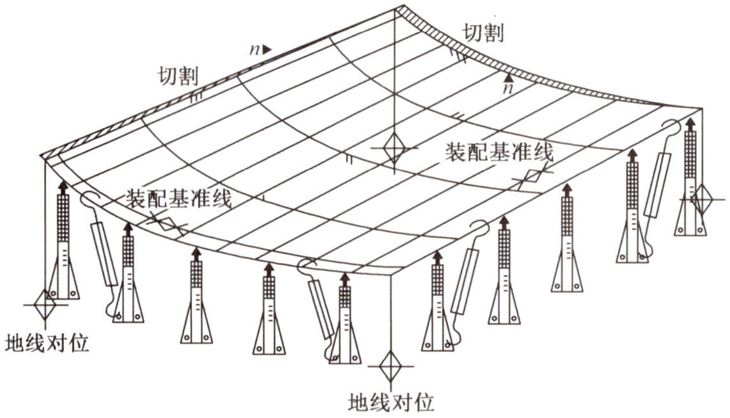

图 2.2.3　曲面板的划线施工示意图

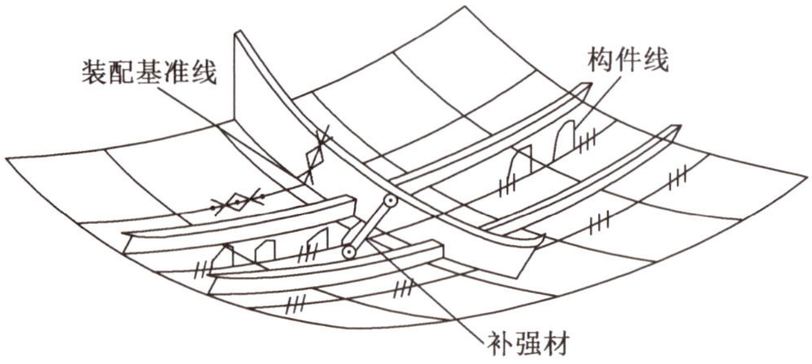

图 2.2.4　装配作业示意图

【任务小结】

本任务主要介绍了船舶板材拼接的精度控制。船体结构板材有平面板材和曲面板材两种,由于结构特点不同会有不同的拼板工艺,因此工艺过程和精度控制方法有区别。平面板材拼焊精度控制项目主要包括坡口坡度、平板间隙预留、焊接收缩和翘曲的控制、焊角尺寸等焊接质量要求。曲面板材拼板时应注意控制余量。

在拼板完成之后需要进行划线工艺,以便后道工序安装其他结构件。

【综合练习】

思考题	总结
1. 平面板材拼焊精度控制项目主要有哪些? 2. 曲面板材拼板施工中的精度控制要注意哪些事项? 3. 试述曲面板材的划线施工过程。	

任务2.3　组立的精度控制

● 基本知识

2.3.1　小组立的精度控制

小组立是指两个或两个以上零件通过装焊形成的构件，在船体建造过程中的T型材拼装、板材拼接、肋板安装加强材、加强筋开孔等都属于小组立作业，基本上除散装件外，所有结构都应经过小组立装配阶段，因此小组立作业量非常大。

在小组立施工过程中，零件要经过定位、焊接、翻身、搬运、堆放等工序，其精度可能发生变化，从而影响后续中组、大组及分段的建造精度，所以应严格控制小组立作业的精度。下面是一些典型小组立的装配及精度要求。

船舶结构中的T型材一般都是纵向受力构件，在船舶使用当中会承受比较大的纵向力。船舶结构中的典型T型材有甲板纵桁、舷侧纵桁、纵骨架式的船底纵桁、横骨架式船舶的内龙骨等，在船体结构中是应用较多的一种结构方式。

由于T型材尺寸特殊、船舶上用量不大，一般都需要企业自制。T型材有的比较平直，而有的则设计成弯曲的，因此制造难度不同，如果T型材的精度控制不到位，对后续的精度管理将会造成极大的影响，比如非平直T型材制作时需要通过生产设计得到腹板弯曲和面板弯曲数据，采取合理的弯曲工艺加强检验，才能确保其精度符合要求。

平直T型材的装焊包括胎架准备、面板腹板预拼装、面板吊装、面板划线、腹板安装、焊接、检验矫正等步骤；弯曲T型材的装焊包括胎架准备、铺腹板、面板划线、面板安装、焊接、检验矫正等步骤。

T型材的精度检查项目如图2.3.1所示。

表2.3.1是国内某船舶制造企业制定的T型材精度作业管理标准。

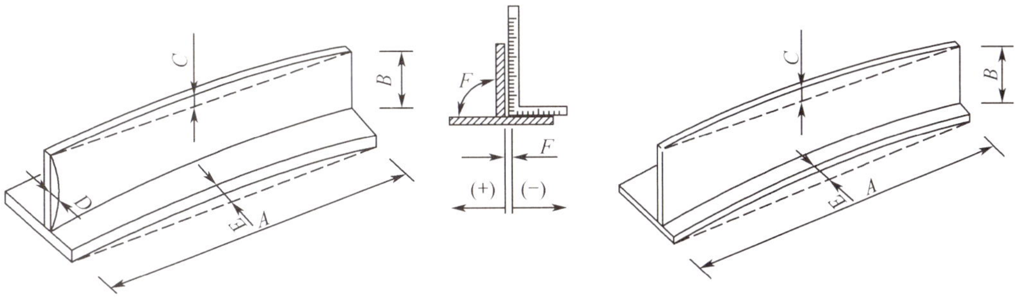

图2.3.1　T型材的精度检查项目

表 2.3.1　T 型材精度作业管理标准

检查位置	检查项目	管理基准	允许界限	备注
A	长度	±1 mm	±2 mm	使用精度管理对象部材
B	宽度	±1 mm	±2 mm	
C	WEB 直线度	±2 mm/10 m	±3 mm/10 m	
D	WEB 垂直度	±1 mm	±1.5 mm	
E	表面直线度	±3 mm/10 m	±4 mm/10 m	
F	表面直角度	±1 mm	±2 mm	

图 2.3.2 是散货船底边舱和顶边舱内的肋骨框架结构图，由于结构复杂，所以在制造时精度的控制是一个难点。一般肋骨框架分成多片进行拼装，其拼装质量会影响到分段的精度尺寸，因此对框架板的拼接要求较高。

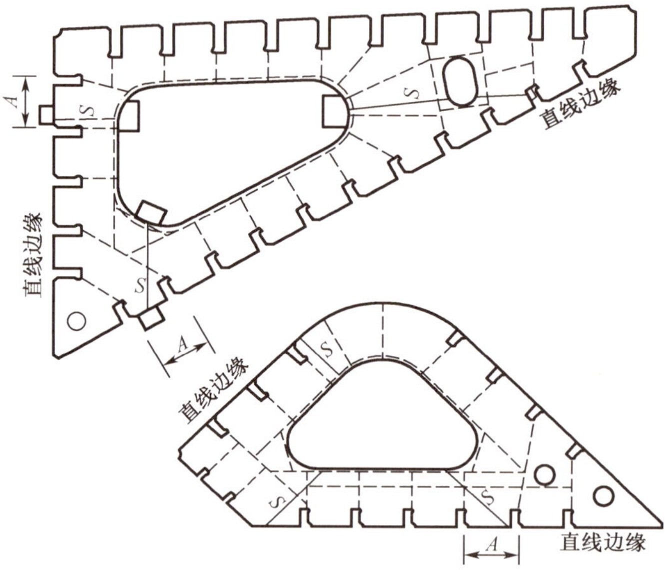

A—骨材间距；S—对接线。

图 2.3.2　肋骨框架结构图

平面小组件也是船舶制造过程中较多的一类组件，典型特征是平板上需要安装骨材。图 2.3.3 中平面小组立的精度控制项目有长度、高度、骨材间距、位置等，在施工时需要绘制施工基准线，按表 2.3.2 中的精度标准检查相关项目。

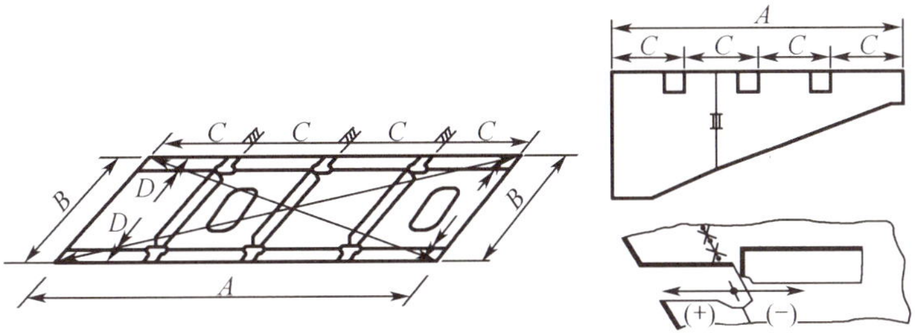

图 2.3.3　平面小组立作业精度控制项目

表 2.3.2　平面小组立作业精度管理标准

单位：mm

检查位置	检查项目	管理基准	允许界限	备注
A	长度	−2～0	−3～0	使用精度管理对象部材
B	高度	±1	±2	
C	扶强材距离	±1	±2	
D	扶强材端部	−1～0	−2～+1	

平面小组件中的加强筋、纵骨等的装配一般从装配作业、端差作业、角度作业三方面进行精度控制。

2.3.2　中组立的精度控制

中组立施工一般是指将小组件或零件装配成较大件的生产过程，如组装主机座、箱型中底桁、油柜等。中组立以条框结构、块状结构、箱体结构为主，或是由几个小组立、小组立与零件组合成更大的组立，只要能够在平面施工的都可以将它们作为中组立或小组立。

小组立、中组立生产最大的优点是将分段立体施工的内容放到平面做，压缩分段制造周期，减少分段焊接工作量，更有利于保证分段制造精度和质量。

组立的精度控制项目可以分为主要控制尺寸、常规控制尺寸及目测控制项目等。主要控制尺寸内容有长度、宽度、对角线、角度等，常规控制尺寸内容有挡距、端差、变形量、直线度等，目测控制项目主要有平面度、角变形以及一些采用随身工具就可得到测量结果的内容。

根据分段划分方案，中组件的尺寸大小可能有很大差别：有些中组的尺寸较大，接近分段；而有些中组尺寸较小，有若干个中组件组成分段。

中组立精度管理过程中，一般可按平直中组立、曲中组立、一般构造组立、舱口围板组立等分别管理。

平直中组立一般指至少有一平直板作为基面的组立形式。中组立作业过程中，装配作业和端差作业是精度控制的重点。图 2.3.4 所示为中组立装配作业示意图。

表 2.3.3 是某船舶企业制定的平直中组立精度标准。

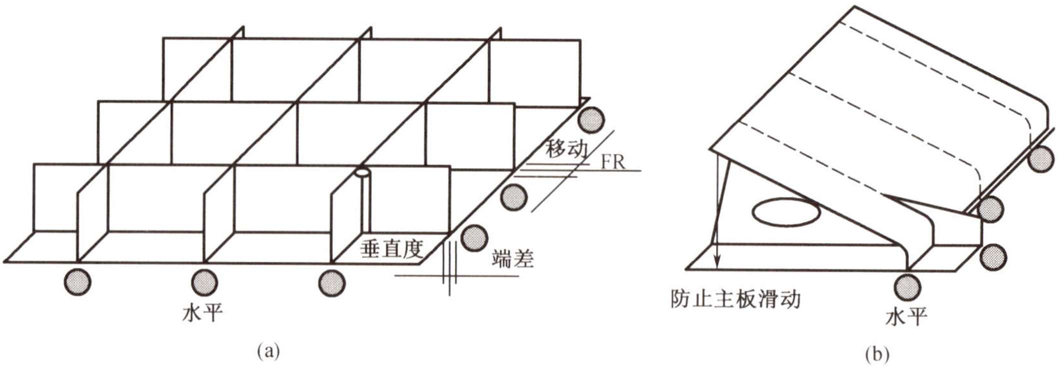

图 2.3.4　中组立装配作业图

表 2.3.3　平直中组立精度标准

单位:mm

编号	项目	管理基准	允许界限	备注
1	长度	±3	±4	
2	宽度	±3	±4	
3	高度	±2	±3	
4	对角线	±3	±4	
5	水平	±3	±5	
6	垂直度	±3	±4	
7	端差	±2	±3	
8	内部材间隔	±2	±3	

曲面中组立一般在艏艉单层结构中分布较多,典型曲面中的组件如图 2.3.5 所示。

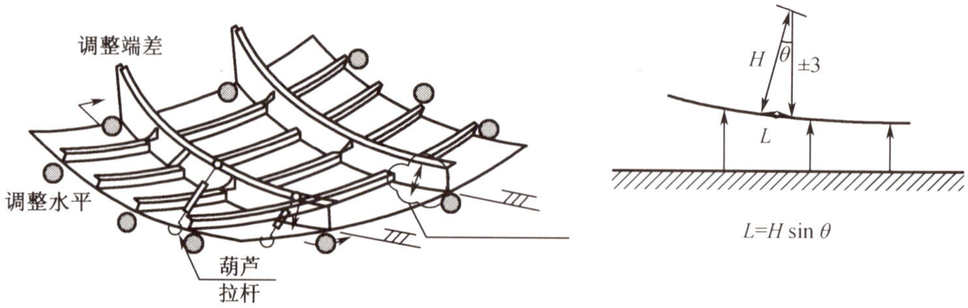

图 2.3.5　曲中组立作业图

表 2.3.4 是某船舶企业制定的曲中组立精度标准。

表 2.3.4　曲中组立精度标准　　单位：mm

编号	项目	管理基准	允许界限	备注
1	长度	±3	±5	
2	宽度	±3	±5	
3	坐标	≤3	≤5	
4	胎架高度	±3	±5	
5	胎架倾斜度	≤5	≤10	
6	部材角度	±3	±5	
7	端部水平差	±3	±5	
8	胎架间隔	≤3	≤5	
9	内部材间隔	±3	±5	

如图 2.3.6 所示为 VLCC 油舱壁典型底部组件，其编号含义和精度管理标准可以参考表 2.3.5 进行。

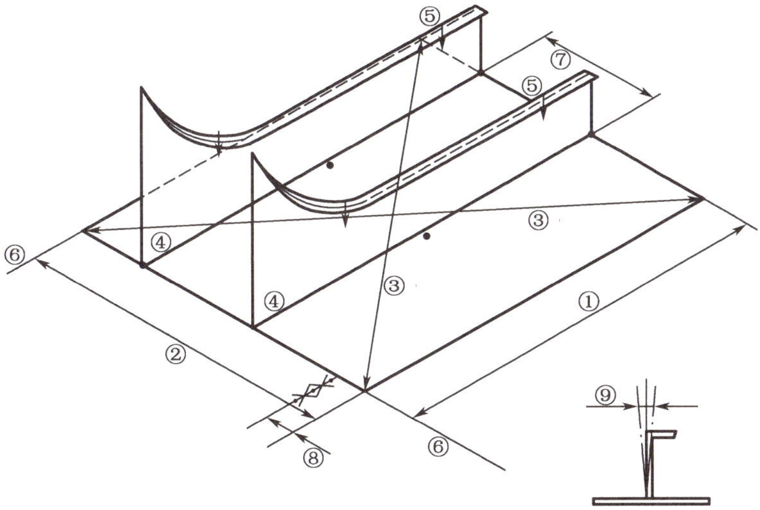

图 2.3.6　VLCC 油舱壁底部组件精度管理项目

表 2.3.5　VLCC 油舱壁底部组件精度管理标准　　单位：mm

编号	项目	管理基准	允许界限	CHECK 位置	CHECK 基准点
①	长度	±3	±5	主板	基准线
②	宽度	±3	±5	主板	基准线
③	对角线长度	±3	±5	主板	基准线
④	LEVEL(· MARK)	±3	±5	内部材交叉点 6 点以上	中线
⑤	垂直度	±3	±4	全竖向组件	

表 2.3.5(续)　　单位:mm

编号	项目	管理基准	允许界限	CHECK 位置	CHECK 基准点
⑥	端差	±1	±3	主板和内部材	主板
⑦	内部材间隔	±2	±3	全内部材	
⑧	基准线	±1	±2	全部基准线	图面指示书
⑨	角度	±3	±4	组件安装角度	

其他类型的中组件可以参考一般构造组立精度标准进行精度控制。

【任务小结】

本任务主要介绍了中、小组立装配工艺中的精度控制。在船体建造过程中的 T 型材拼装、板材拼接、肋板安装加强材、加强筋开孔等都属于小组立作业。根据不同中、小组立的特点制定精度标准,并依据精度标准进行精度控制。

典型组件精度管理基准

【综合练习】

问答题	总结
1. 船舶中、小组立各有什么特点? 2. 船舶中、小组立常规的精度控制项目有哪些? 3. 以曲面中组立为例,说明其加工装配过程,并说明工艺过程中的精度控制方法。	

任务2.4　分段建造的精度控制

• 基本知识

由于船舶类型、吨位、结构特点各不相同,所以分段的划分比较灵活,可以分为底部分段、舭部分段、舷侧分段、甲板分段、舱壁分段、半立体分段、上层建筑分段、舱口围分段、特型分段(带挂舵臂、带尾轴毂、球鼻艏等)几大类。

分段类型不同,其精度控制的特点和要求也不尽相同。

2.4.1　分段的结构特点

1. 底部分段

底部分段是一般船舶货舱区最基本的分段形式，虽然这类分段看似方方正正，施工难度也不大，但其精度尺寸的优劣将会直接影响到后续分段的精度控制，甚至会影响到散货船、集装箱船等的舱口围结构的精度。对底部分段的精度管理主要内容有长度、宽度、高度、水平度、内外底板平行度、端差、边缘平直度、中间各构件的相对位置、角度等，针对有横舱壁构架的部位，其水平度尤为重点控制项目，其主要控制点如图 2.4.1 所示。

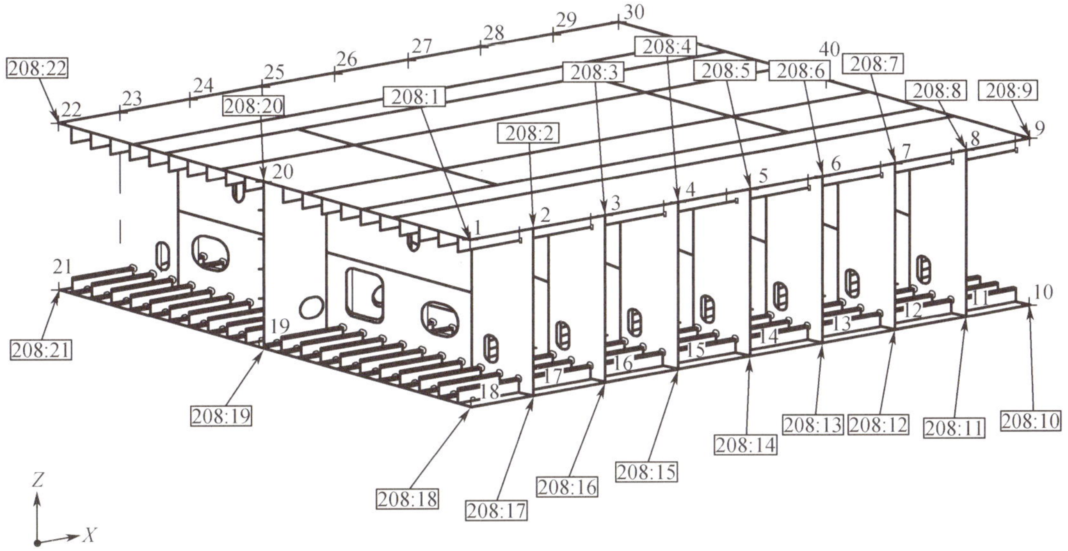

图 2.4.1　底部分段主要控制点

2. 舭部分段

舭部分段也是货舱区最基本的分段形式，但其建造工位及建造流程具有特异性，特别是处在货舱区首、尾部的几个分段，精度控制如果方法不当会造成比其他分段更大的偏差量。对舭部分段的精度控制内容有长度、宽度、高度（主要针对斜底板与外板交接部位）、平整度、直线度、内部框架平面度、端差、肋骨间距等，特别针对带有横舱壁构架的部位需重点检测。其主要控制点如图 2.4.2 所示，它一般是以底边舱斜板为基面来建造的，因此精度测量时，要选择合适的坐标系，所测数据要转换为设计状态的数据。

3. 舷侧分段

这里以顶边舱分段为例介绍舷侧分段，除了超大型的 VLOC 船在划分时将其划分为上部和下部，其他船型基本都是舭部分段向上一直到甲板为止。顶边舱分段的精度控制有一定的特点，因为该分段已到主甲板部位，而且目前该分段的建造方式一般为先组成片状部件然后再将几个片状在水平胎架上合拢，所以在分段建造过程中各片状的精度控制是重点，只有确保过程控制达到精度标准范围时才能保证分段的最终精度尺寸。

顶边舱精度控制主要内容有长度、宽度、高度、甲板冲势（抛势）、主板平整度、端差、肋骨框平整度等，特别控制内容为甲板开口与分段总长度的相互关系，因为这项控制内容会直接影响到后续舱口围的安装精度。其主要控制点如图 2.4.3 所示。

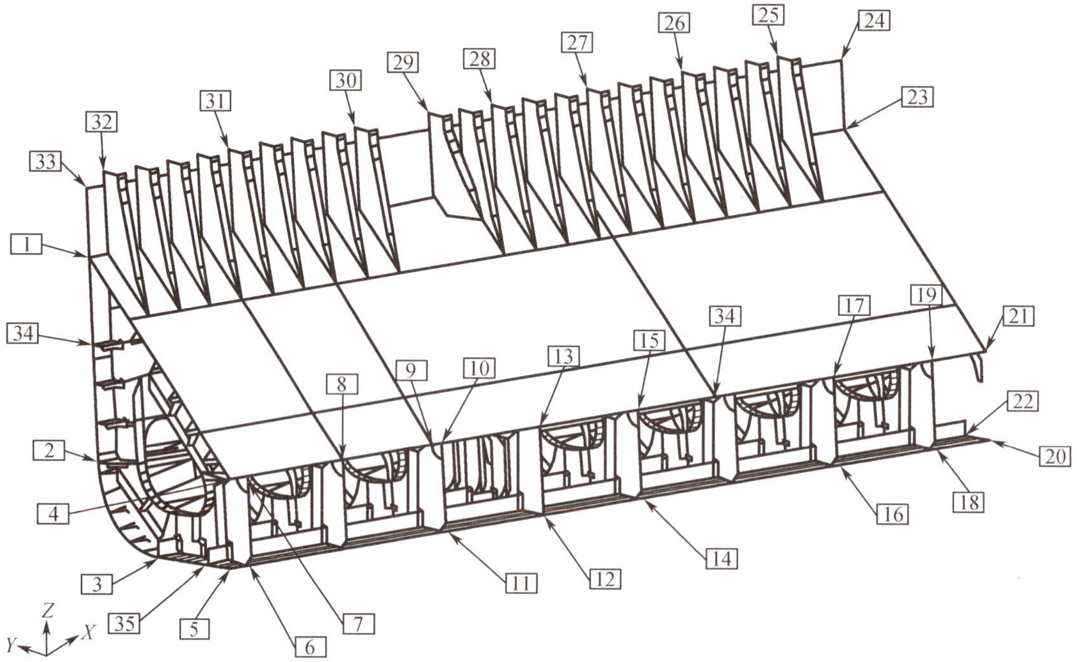

图 2.4.2　舭部分段主要控制点

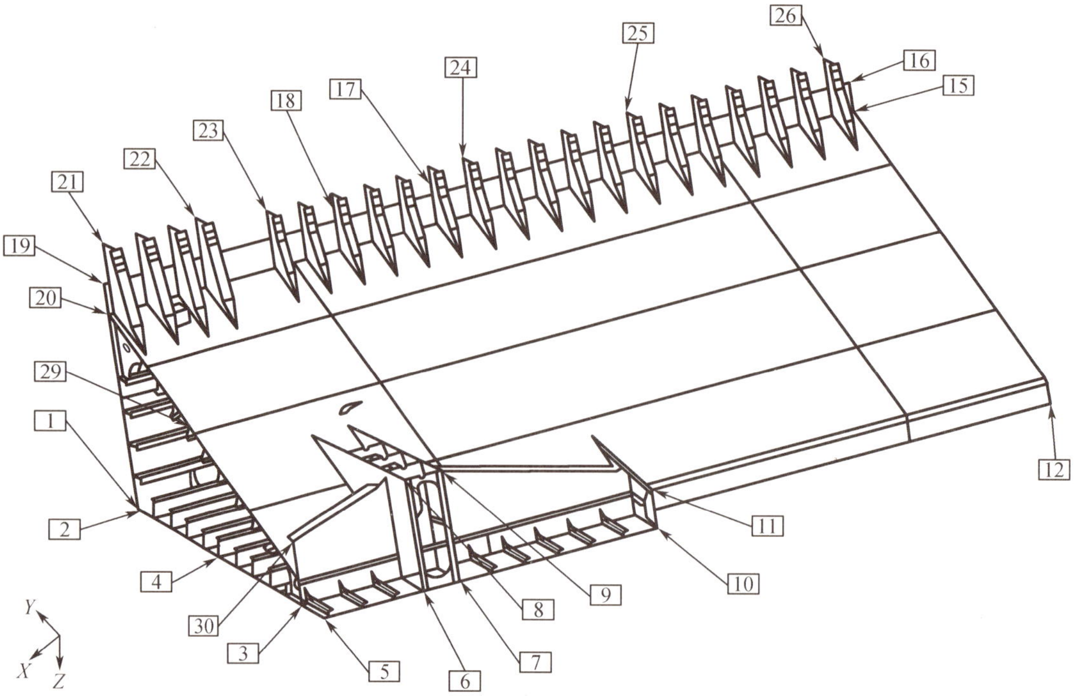

图 2.4.3　顶边舱分段主要控制点

4. 槽型舱壁分段

槽型舱壁分段在各类分段中结构相对比较简单，但是由于其槽型部分水平无强结构，施工中必然会引起横向收缩，如果控制不当会造成两侧垂直接缝产生间隙，同时对高度的控制要求相比其他分段要高，在分段无余量情况下，座墩下口修割过多会造成其他方向的尺寸偏差。

从结构方面来分析舱壁分段对精度控制难度不大，这种分段的槽型部位的横向收缩是精度控制的重点之一。其主要控制点如图 2.4.4 所示。

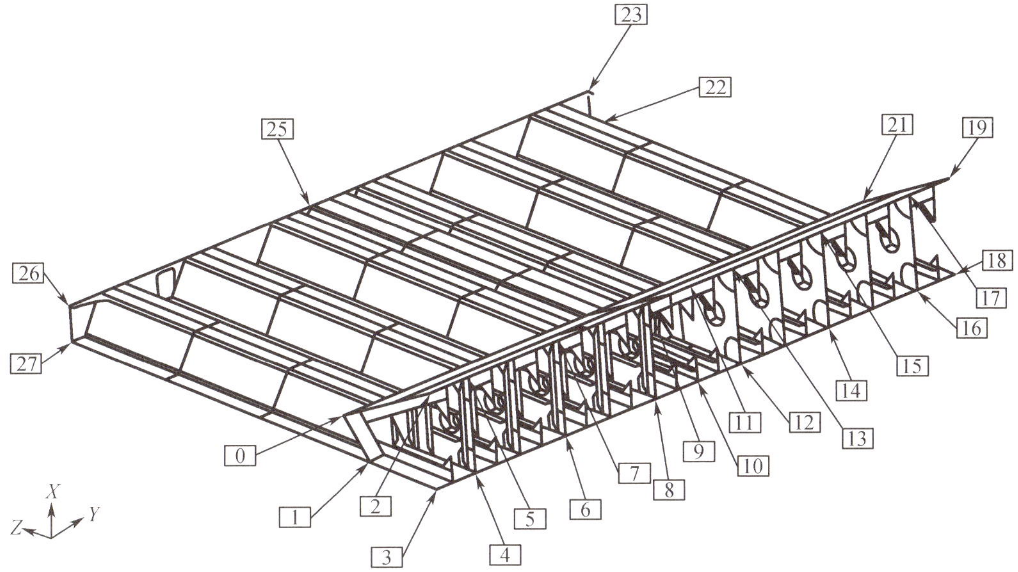

图 2.4.4　槽型舱壁分段主要控制点

5. 半立体分段

在各类分段中，艏艉半立体分段相对比较复杂，一般在分段未脱离胎架前检验，重点检验舷侧外板曲面分段安装位置的正确性、舷顶列板与甲板边板的角焊缝的工艺要求和分段两端肋骨和横舱壁的垂直度，其主要控制点如图 2.4.5 所示。

6. 舱口围分段

舱口围的尺寸控制一直是精度控制的重、难点。很多船企的舱口围以片体部件的形式在船坞（船台）进行最后的装焊作业，这样有利于保持舱口尺寸。在散货船、集装箱船等船型的施工中，各企业采取的建造方式各不相同，但保证舱口围面板的平面度与开口尺寸是重点目标。要控制舱口围的安装精度，就必须充分考虑舱口围的建造工艺，从船体底部分段、顶边舱分段的精度控制开始做起。

以散货船舱口围为例，其片体在进行装焊作业时应进行精度控制，内容有高度、直线度、平面度、长度、面板与围壁板的角度等；其面板平面度在各制作阶段应分别制定相应的控制标准，通过这些内容的控制首先使其本身能够达到精度标准。在搭载阶段，采用两种方式，一种是以片体单个吊运到位然后在确保舱口开口面精度要求的前提下进行同步定位，这个方式对船坞周期控制不太有利；另一种是在平台进行整体总组，其又可分为正造或反造两种方式,这种方式可以按纯理论尺寸进行装焊,也可在船体甲板面分段(顶边舱分段与甲板分段)定位完成后驳取舱口开口尺寸,在总组时以实际尺寸进行精度控制,如图2.4.6所示。在这两种建造方式中,如果以舱口围面板平面度与舱口开口尺寸为主要控制基准,同时兼顾甲板面的开口尺寸,精度能够得到有效保证。

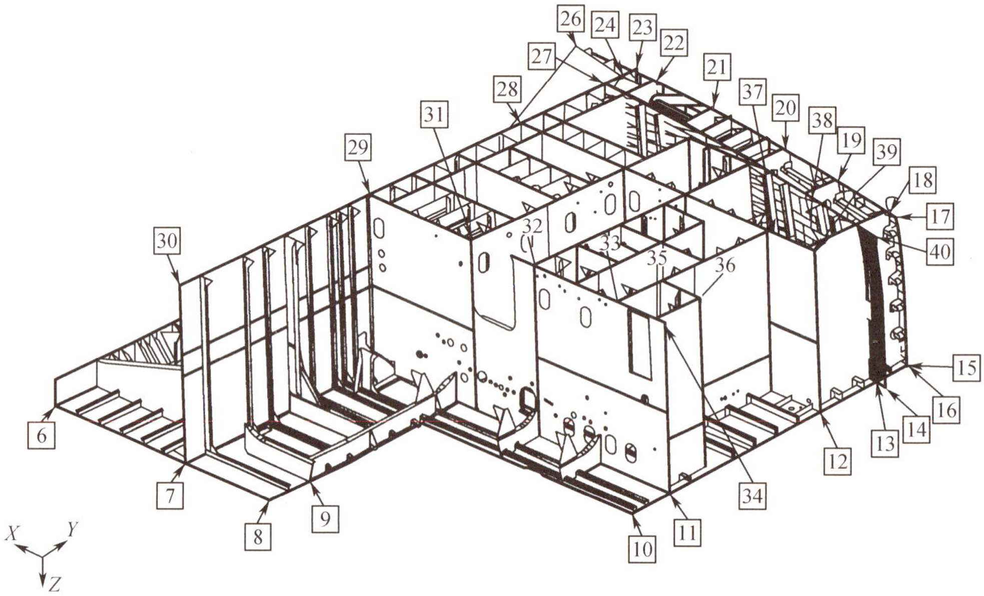

图 2.4.5　半立体分段主要控制点

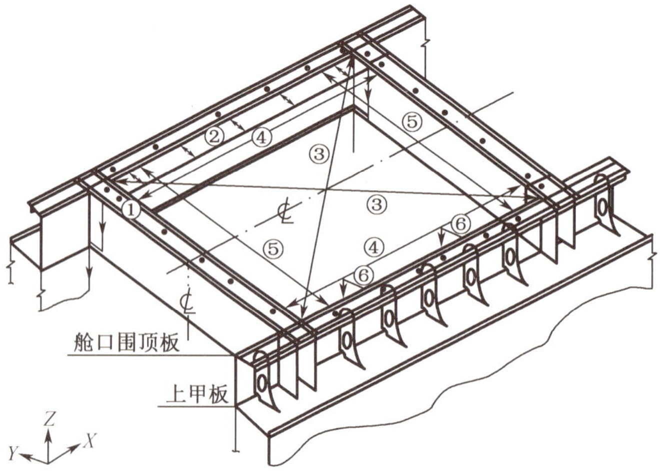

图 2.4.6　舱口围分段建造方法

7. 带挂舵臂、带尾轴毂分段

该类型的分段通常分为两个部分进行精度管控:船体板架结构部分以船体分段的精度要求控制其变形;对有铸钢件组成的挂舵臂、尾轴毂,控制其中心线各端面的同心度、轴中心线舵中心线本身的精度及与船体的相对位置偏差。这些数据要从铸钢件的定位开始直到镗孔结束才算完成，各施工过程中的装、焊、余热、清根、修补、加强、堆放，一旦有哪个环节控制不当均有可能造成偏差，且有些偏差还难以修复，给后续主机等设备安装带来极大的影响。

带挂舵臂、带尾轴毂分段施工方式有多种，铸钢件结构可以在分段钢结构完成装焊后安装，也可先定位后安装其他结构，但是精度控制一般来说包括以下项目：长度、宽度、高度、甲板（横舱壁）平面度、外板自由端光顺度、轴中心线（舵中心线）与船体中心线偏移量、轴毂尾端面（挂舵臂上下端面）距离、中心线与其他基准的相位角度等，具体可参考图 2.4.7。

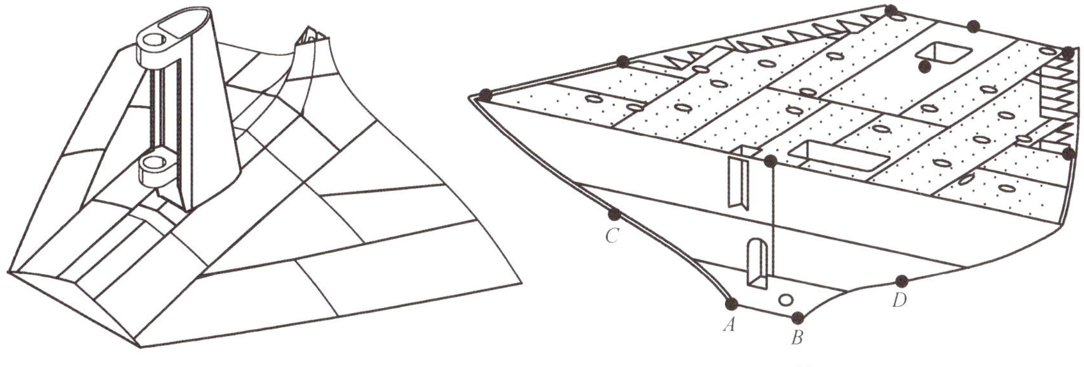

图 2.4.7　带挂舵臂、带艉轴毂分段主要控制点

2.4.2　船体分段的施工作业精度管理

船体分段中的平直分段和曲面分段类型比较典型，船体上的绝大多数分段都属这两类，其精度控制特点稍有不同。

平直分段的精度作业主要考虑作业顺序、检查水平、主板件端差、垂直度、扭曲度等检查项目，各项目都需要按要求严格实施。

（1）作业顺序：先检查水平度，然后检查主板错位情况，再检查垂直度，最后完成其他作业。

（2）检查水平：需要对肋板、横梁、纵桁、隔舱壁等主要构件进行水平检查后方可进行装配作业。

（3）主板件端差：以有组立基准线的一端为基准，调零、吊线锤后进行作业，不允许为了调整错位，而将基准向前后、左右、上下等方向进行调整。

（4）垂直度：BOX 类、单独小组等主要内部件需要吊线锤，检查垂直度。

（5）扭曲度：柱长、H 形横梁的水平需要定期确定，而且必须在确认分段水平状态后才允许进行焊接作业。

表 2.4.1 是某船舶企业制定的图 2.4.8 中的中间双层底分段精度基准和精度管理作业要领，以供参考。

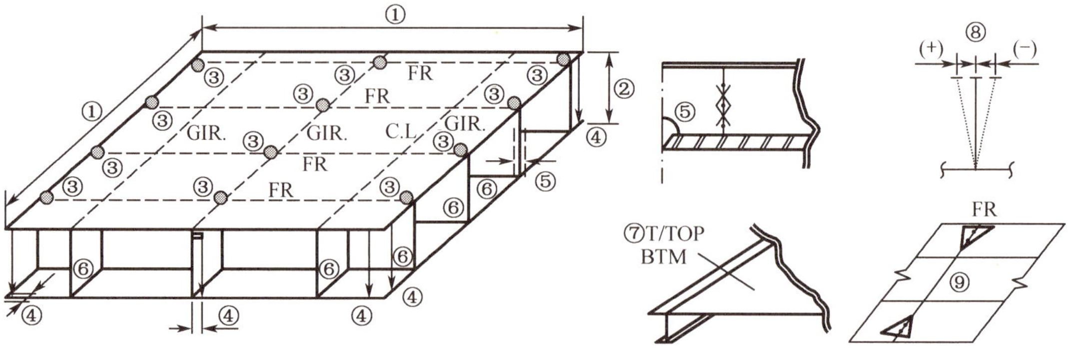

图 2.4.8　中间双层底分段主要控制点

表 2.4.1　中间双层底分段精度基准和精度管理作业要领　　单位:mm

位置	项目	许用基准	作业要领
①	长度(实长)	±4	考虑焊接收缩值后进行划线、确认装配合拢口的间距
②	宽度	±2	内底装配翻身后,角焊缝接头部位要求无间隙,紧密装配管理
③	水平度	±5	主要构件部位在焊接前后均要检查水平高度
④	垂直度	±3	中组立装配翻身后,艏艉口吊线锤,对上下主板是否错位进行管理
⑤	端差	±3	内部件装配时,以主板为基准,确保相互一致
⑥	焊接保留	标准	以标准书的焊接保留长度为基准
⑦	端部背烧	0~+2	端口的第一根构件背面做背烧
⑧	纵骨角度	±4	纵骨装配时要保证直角度
⑨	火气损伤防止标记	标准	分段输送时,在搭载合拢口部位做好防止火气损伤的洋冲标记

图 2.4.9 所示为舷侧双层底分段精度基准和精度管理作业要领,其许用精度基准可以参考表 2.4.1。

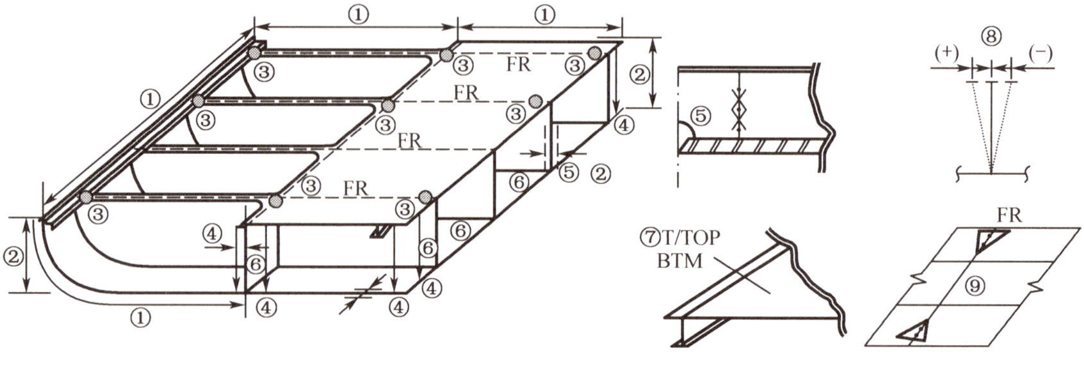

图 2.4.9　舷侧双层底分段主要控制点

曲面分段一般按平分段(或若干平直中组立)和曲分段(或若干曲中组立)分别建造,相应的精度管理也分为平分段精度管理和曲面分段精度管理两部分。

平分段(中组立)的生产过程包括板材的拼接、划线、小组件和中组件的装配,主板拼板时,需要遵守相应的精度管理原则。

(1)一般以没有余量的边为基准开始拼板作业,在两端均有余量的情况下,以尾边为基准进行平板作业。

(2)长度方向上的偏差超出许用范围时,可以进行艏艉方向上的调整作业,如图 2.4.10 所示。但是,当长度方向上的板长度不足时,只能在管理基准许可的偏差范围内进行调整。

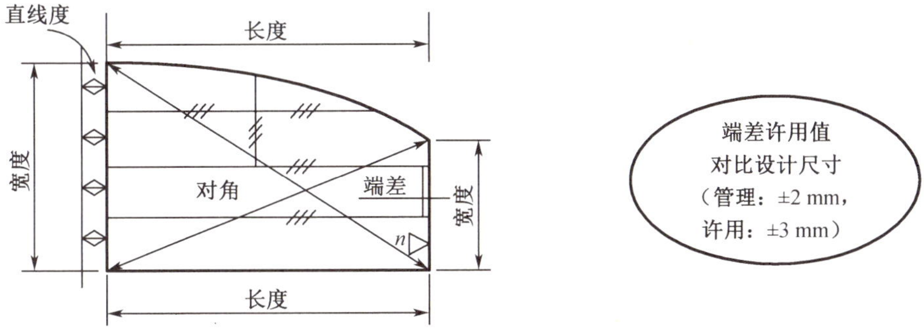

图 2.4.10　精度管理偏差处理

(3)在确认分段的长度、宽度、直线度、对角尺寸的同时进行拼板作业。

(4)在一端有余量的情况下(如甲板),需注意艏艉方向组立基准线:在离无余量边的端部的 100 mm 位置开始确认对角尺寸,并划线;还要注意左右方向组立基准线:和余量无关,只确认对角后进行划线;以及搭载基准线和内部件划线:以 100M. K 为基准,进行基准线和内部件划线(内部件之间的收缩值以分散来应用)。

(5)对于两边均有余量的情况,组立基准线(100M. K)应在内侧和艉侧的端部 100 mm 的位置确认对角尺寸后划线;划线时应以组立基准线为基准,采用内部件间距收缩值进行划线。

(6)除此以外的情况,优先在艉端、内端、上端做 100M. K,以 100M. K 为基准进行内部件划线。绝对禁止从外侧开始划线。

曲面分段进行精度管理主要包括外板拼板、外板划线、纵骨装配、曲板组立作业四部分。图 2.4.11 为曲面分段控制点及作业要领示意图,建造时精度管理基准及作业要领见表 2.4.2。

表 2.4.2　曲面分段精度管理作业要领

位置	项目	许用基准	作业要领
①	长度(实长)	±5 mm	划线作业时要考虑焊接收缩量装配对接焊部位的间隙
②	高度	±5 mm	焊接部位不能留有间隙,进行紧密贴紧管理

表 2.4.2(续)

位置	项目	许用基准	作业要领
③	水平度	±5 mm	主要构件部位在焊接前后均需确认水平情况
④	垂直度	±3 mm	防止外板和主板之间滑动,通过线锤查看
⑤	端差	±3 mm	进行内构件装配时,内底板主板和外板主板的端差要一致
⑥	围长	±3 mm	在甲板线上边缘部确认实长(划两条线)
⑦	B/H 端部	0~+2 mm	在合拢端面的第一根构件背部进行火工背烧作业
⑧	防止火工作业破坏标记	标准	分段在搬出之前,搭载合拢部位敲洋冲孔,用以标记防止火工作业破坏(舱壁及内底)
⑨	反变形施工	2/1 000	根据外板焊接残余应力,提前施放反变形,防止后期变形出现(撤除约束后)

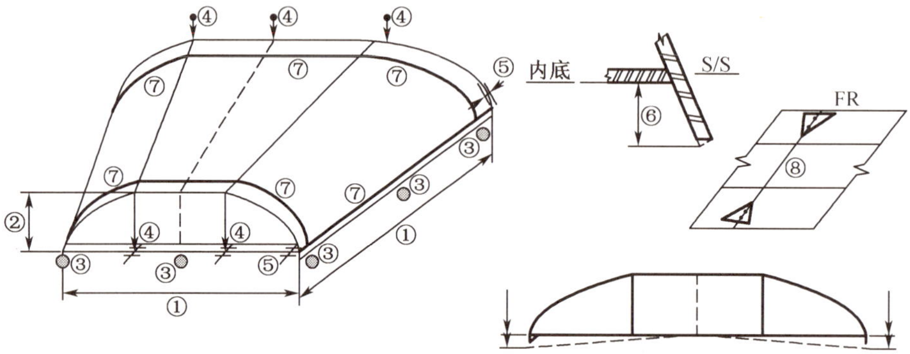

图 2.4.11　曲面分段精度管理要点及作业要领示例图

【任务小结】

现代船舶多采用分段建造法,分段类型包括底部分段、舭部分段、舷侧分段、甲板分段、舱壁分段、半立体分段、上层建筑分段、舱口围板分段等。分段类型不同,其精度控制的要求也不尽相同,应对具体的分段制定具体的精度标准。分段的精度管理内容主要有长度、宽度、高度、水平度、端差、边缘平直度、中间各构件的相对位置、角度等项目。

【综合练习】

问答题	总结
1. 常见分段有哪些类型？试以纵骨架式双层底结构为例，说明其结构特点和装配工艺，并说明其精度控制要点。 2. 舱口围分段有什么样的结构特点？请结合装配工艺，说明其精度控制的特点。 3. 试分析下图舱口围分段的结构特点，说明如何控制其装配精度。 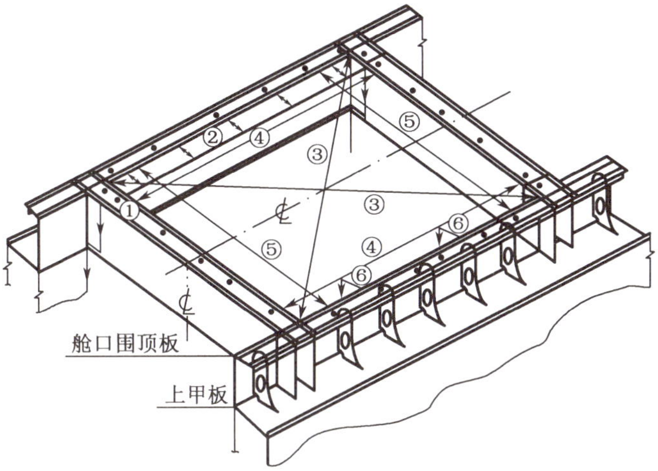	

项目3
船台（船坞）搭载阶段的精度控制

● 项目描述

船台(船坞)搭载是在部件、分段或总段完工的基础上,在船台(船坞)完成最后的船体装配的工艺阶段,它与船体建造质量和建造周期有着最直接的关系,而且直接影响船舶验收交船,所以船台(船坞)搭载阶段的精度控制尤为重要。为保证船台(船坞)搭载的顺利进行,在精度控制方面需要做很多工作,主要包括搭载前的准备工作、搭载工艺的设计及搭载过程中的精度控制,搭载完工之后要进行必要的精度检验。本项目主要围绕这三点进行介绍。

● 知识框架

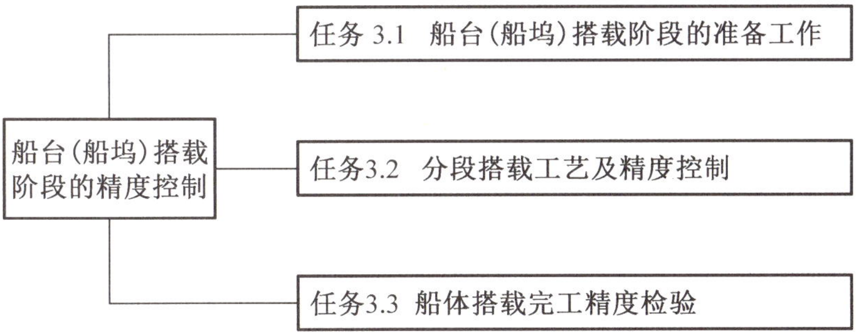

任务3.1　船台（船坞）搭载阶段的准备工作

● 基本知识

船台(船坞)是影响造船效率的重要工装,其精度控制水平的高低将直接影响吊装效率和施工效率,同时也对船台(船坞)周期有重大影响。因此,船舶总装搭载的精度控制在船台(船坞)搭载阶段尤为重要,若这一阶段精度控制失败将对船舶建造整个过程造成严重影响,也会造成工时浪费。

船台(船坞)精度搭载的核心是如何确保分段连接精度和搭载质量,在进行精度搭载作业时,不单纯要考虑分段精度局部偏差的修正,还要考虑对后续搭载的影响。

3.1.1 船体搭载设施及设备

船台(船坞)是将各个零件、部件、分段或总段组装成整个船体的场所,位于船体装焊车间附近,同时又濒临水域。船台有多种形式,不同类型的船台有不同的工艺装备。

船台是指需要依靠下水装置将船舶移至水域的场所,一般可分为倾斜船台和水平船台两类。纵向倾斜船台一般利用船舶自重实现下水,主要配备下列工艺装备:

(1)船台中心线槽钢:位于船台中心线上,槽钢上画有中心线及肋骨线等标志,作为分段或总段定位的依据。

(2)高度标杆:设置在船台的两侧,其上标有基线、水线、甲板边线及其他有关高度的检验线,作为分段安装高度的基准。

(3)船台拉桩:埋置在船台地面上,供分段定位时拉曳用。

(4)脚手架:设置于舷外和舱内。

(5)墩木:供搁置船体用,常见的有木墩、水泥墩和铁墩,还有可调节式铁墩,有些可调式墩木通过液压千斤顶带动下斜楔平移,使上斜楔做升降移动以调节墩木的高度。在分段定位和纵横焊缝焊好后,必须加上普通墩木支顶船舶,以免千斤顶产生集中负荷。

船台上除了配置高架吊车及其主要工艺装备外,还要配置电力、压缩空气、氧气、乙炔、水及蒸汽等动力供应设施。在纵向倾斜船台或造船坞内采用串联建造法时,还必须配置相应的移动和控制船体尾段的工艺装备。

水平船台的船台表面呈水平状态,通常与机械化滑道、升船机、浮船坞等下水设施结合使用,其基建投资大,占地面积也多。其优点是能排列多个船台,装焊工作方便,下水安全可靠,并可以双向使用,能下水,也能上排,因此常见于中小型船舶修造厂。

水平船台除了具有倾斜船台的工艺装备外,还有一些特殊的工艺装备,比如船台肋骨线槽钢。船台肋骨线槽钢是沿全船的基准肋骨线处横向嵌埋在船台两侧的槽钢,在分段或总段安装定位时,决定纵向位置用。

水平船台在船舶下水时不能利用船舶自重,所以还需要移船设备。移船设备由船台小车和钢轨组成。船台小车有纵移和横移两种运动方向,是利用小车本身的液压千斤顶,来实现不卸载将轮子自动或手动转向90°的。

随着船舶向大型化发展,采用纵向倾斜船台造船不但给船体装配和下水工艺带来很大的困难,并且大型船台的造价也十分昂贵,故目前大型企业倾向于升级成船坞,排水量在10万吨级以上的船舶大多采用造船坞来建造。

3.1.2 船体搭载方式

为了提高造船效率,根据船舶的类型、特点、吨位以及建造数量,可以设计不同的船舶建造工艺。对于单艘船舶建造,可以采用水平建造法、塔式建造法、岛式建造法、总段建造法和两段建造法。

水平建造法是在船台上先将船底分段装焊完毕,再向上逐层装焊直至形成船体的造船方法。它由整体造船法演变而来,将零部件上船台散装改为以分段为单元上船台安装。这种建造方法船台周期长,焊接变形较大,难以采用预舾装,可用于建造船台散装件较多的船。

塔式建造法是在船台上以某一底部分段为基准分段,由此向前后左右,由下而上进行装焊,在建造过程中始终保持下面宽上面窄的宝塔形状。与水平建造法相比,其作业面较宽广,刚性也稍好,但焊接变形仍较大。

岛式建造法是由两个或两个以上基准分段同时进行船体总装的建造方法。它由塔式建造法发展而来。岛与岛之间用一个嵌补分段连接。这种方法有两个或三个建造中心,可分别称为二岛式或三岛式,它比塔式建造法作业面更广,焊接变形较小,适于造大船。但嵌补分段的安装精度要求很高。

总段建造法是以总段作为船体总装单元的建造方法。由于总段较大、刚性好,并有较完整的空间,因此能减少船台工作量和焊接变形,提高总段内预舾装程度。但受船台起重能力的限制较大,一般只用于建造中小型船舶,或者升级起重设备。

两段建造法是将船体分为两段,在船台上分别建成后下水,然后再合拢成整个船体。

以上单船建的方法虽然各不相同,但其基本思路是多开工作面,尽可能并行施工以缩短建造周期。同样,对于批量造船也有一些有效提高工作效率的建造方法,比如串联建造法。

串联建造法的造船方式是:当第 1 艘船在船台末端建造时,第 2 艘船的尾部在船台前端同时施工;待第 1 艘船下水后,便将第 2 艘船的尾部移至末端,继续安装其他分段,形成整个船体。与此同时,可在船台前端开始第 3 艘船尾部的施工。因此,采用串联建造法的船台长度约为 1.5 倍船长,适用于建造批量大、中型艉机型船,因为艉机型船的机舱和泵舱位于船舶尾部,提早形成艉段有利于早期舾装工作的开展。

串联建造法的实质是将船体分为前后两个不同的建造区(岛),后艘船岛按塔式法建造,然后移位,因此岛与岛之间不必嵌补,而是直接进行对接,从而能提高船台利用率,缩短船舶建造周期。但串联建造法需要增加专用的移船装置,且移位要求较高。

3.1.3　水平船台(船坞)搭载的精度准备工作

船台(船坞)搭载涉及的人员、设备、物资和生产单位比较多,一定要进行多部门沟通,提前做好各种准备工作。这些准备工作包括人员,设备,物资,各种电、气和通信装备,最重要的环节之一就是要做好搭载的精度准备。

虽然船台(船坞)形式不一,但准备工作内容大致相同,不同类型的船台(船坞)搭载准备工作在细节上略有不同。

对于水平船台来讲,总(分)段吊装前要做的精度准备工作主要是划船台基准线。船台基准线包括船台中心线、船体半宽线、船台肋骨线、船体高度检验线及分段船台安装工艺规定的其他线条。这些基准线应清晰可见,并做好永久性标记,以便于施工过程中进行查找和参考。

1. 划船台中心线

船台中心线用于确定分段在船台上的左右位置。船台中心线直线精度是确保船体建造完工后船体中心线直线度的基础,要划在船台面上。

在精度要求不高的情况下，可用拉钢丝、吊线锤的传统方法来划出船台中心线。但随着测量仪器在造船工程中的广泛应用，高精度测量仪器在搭载阶段的精度控制中也起着不可或缺的作用。在现代精度控制中，为了保证划线精度，船台中心线一般用激光经纬仪在船台中心线槽钢上划出。

现场操作时，将激光经纬仪安装在船台中心线的一端，对中调平后将仪器视准轴固定在船台中心线方向并锁定水平度盘，放松竖直度盘固定旋钮，发射激光点到槽钢上的不同位置，各投射点间隔 1~2 m 左右，而后将所有点连成直线，即得船台中心线。用激光经纬仪划中心线如图 3.1.1 所示。

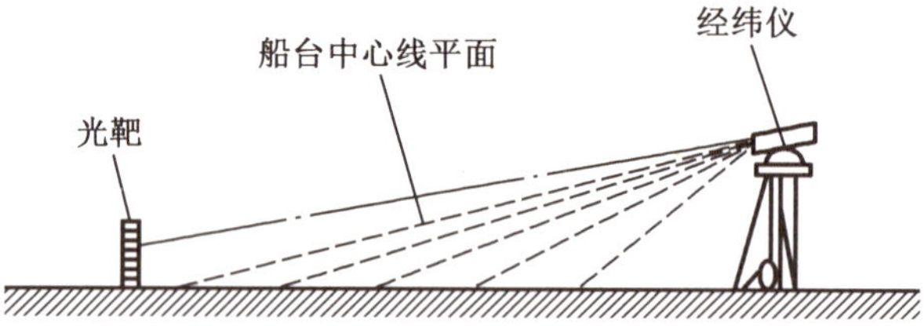

图 3.1.1　激光经纬仪划中心线示意图

为了保证划线精度，考虑到经纬仪存在装配误差，最好不要将经纬仪设置在船长中点附近，因为采用正、倒镜投点或拨 180°水平角都有可能产生更多的误差。

因为船坞的坞底一般也是水平的，所以船坞搭载的精度准备工作与水平船台最为类似。

另外，随着高精度测量技术在造船行业逐渐得到应用，现在国内外大型造船企业都在积极研究建立数字化船坞，在船坞周围布设高精度控制网，如在船坞周围埋设了很多固定标靶、在船坞内划设了很多线条、在船坞或船台周边树立各种标杆。利用数字化船坞控制网，可在船坞周边合适位置实施精度控制，可以实时得到船体任何分段上任一点的坐标，这样大大提高了精度控制的精度和效率，一定程度上缩短了由于必要的精度测量工作造成的等待工时。

2. 划船体半宽线

船体半宽线用于确定舷侧分段在船台上的左右位置。以船台中心线为准，用钢卷尺量出宽度点，再用激光经纬仪绘制，检验合格后用色漆及冲印做好明显标记。

3. 划船台肋骨线

船台肋骨线用于确定分段在船台上的前后位置，以确保船体总长度。

操作时，先在船台中心线上划出基准肋骨线、分段接缝线的位置，以中心线上的肋位点为准用激光经纬仪在船台肋骨线槽钢上作出船台肋骨线（图 3.1.2）。

没有激光经纬仪时，可用几何作图中的作垂线的方法作出船台肋骨线，检验合格后用色漆及冲印做好明显标记。一般情况下，用激光经纬仪划直线或垂线比几何作图的方法精确。

4. 划船体高度检验线

船体高度检验线用于确定分段在船台上的高度位置。一般要根据放样间提供的高度样棒，在船台的高度标杆上划出基线、水线、甲板边线等全部理论高度线，作为水平软管、激光经纬仪进行船台铺墩、分段吊装定位和检验的基础。

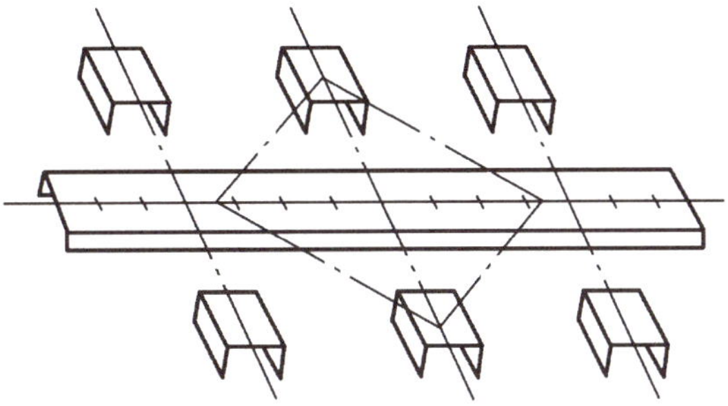

图 3.1.2 船台肋骨线槽钢

随着船台基准线定位工艺技术的不断改进，船台高度标杆已逐渐由船台基线（船体基线）标杆所取代。船台基线标杆用于确定底部分段在船台上的高度，竖立在船台旁或船台中心线上。而舷侧等分段定位高度，可依据内底板上竖立的临时标杆进行定位或依据各分段的水线检验线直接测量高度进行定位。

在水平船台上应用激光水平仪测量时，根据测量的要求，在船台中间的左右两侧各设置一根高度标杆即可。

3.1.4 倾斜船台搭载的精度准备工作

倾斜船台搭载的精度准备工作与水平船台上的准备工作大体类似，其中船台中心线的划法与水平船台相同。但由于船体建造时处于倾斜状态，而且当船体基线与船台中心线不平行时，肋骨间距不等于理论肋骨间距值，造成船台肋骨线的利用较为困难，所以在倾斜船台上一般不设船台肋骨线槽钢，只在船台中心线槽钢上逐档或间隔 5 档划出肋骨位置线，并用色漆标上肋骨号码。

倾斜船台上船体基线和水线等都是倾斜的，不同的肋位其高度基准其实并不相同，所以应在需要的位置设置若干根高度标杆。由于水准仪在使用时必须调整水平，因此高度标杆都必须垂直于水平面设置，此时应注意高度标杆各高度线间距与理论值应存在投影关系，如图 3.1.3 所示。

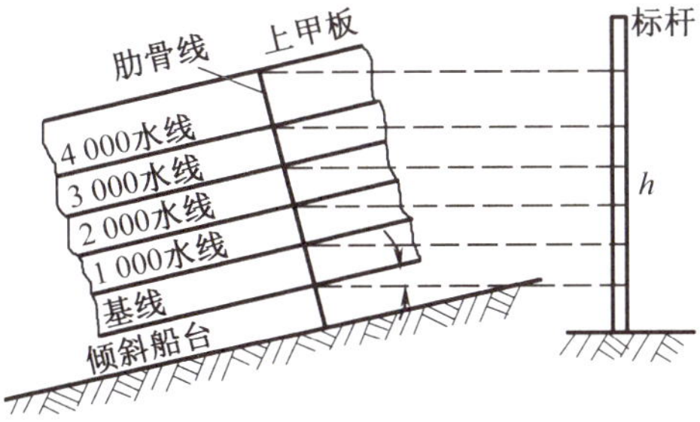

图 3.1.3 高度标杆的投影关系

各高度线距基线的高度值 h 可按下式求得:

$$h=H\cos\alpha$$

式中 H——实船各高度线距基线理论高度值;

α——船体基线与水平面的夹角。

3.1.5 船体分段上的精度准备工作

为减少船台搭载修整工作量,应尽量提高分段建造精度,而且在搭载之前必须对分段进行精度检测,对有余量的一端要割除余量并开坡口,确保只有合格的分段才能下胎架进入吊装工序。因此在分段下胎架之前,分段制作车间也要做好相应的准备工作,这些工作包括以下几项。

1. 分段的精度检测和确认

在分段的制作过程中以及建造好之后,应进行及时测量并给出精度检查单,对于建造不合格的分段应提出修整措施,并在修整之后及时报检和二次检测,直到所有精度保证项目合格。

现代精度检测手段比较先进,都采用了三维精度管理系统,数据的采集采用全站仪结合船舶精度测量软件,分段精度的分析采用计算机进行,这样不但精度高而且效率也高。

2. 划出分段的船台定位线和对合线

分段对合线是分段与分段搭载对接时定位对准用的,在船台装配前必须检查是否已划出各分段的船台安装定位线。分段的船台定位线和对合线施工属于船体结构预装配工艺,用于标记分段船台上的位置,保证船体尺度的正确。

通常在分段左右或上下各划一根与分段大接缝线垂直的短直线。对接的两个分段的对合线的位置应统一设置,并在搭载时对齐。

由于船舶分段位置不同、类型众多,而且各个分段结构各异,所以这些不同的分段所绘制的定位线和对合线类型和数量也不同。比如,底部分段一般需要绘制分段中心线、肋骨检验线、分段水平线,在内底板上划舱壁位置线;而舷侧分段则需要绘制甲板边线、分段肋骨检验线、舱壁位置线,以及 1~2 根水线。

3. 分段临时支撑

对于横舱壁等刚性较差的分段,为了尽量减少搭载、吊装过程中的变形,往往需要提前做好临时支撑。临时支撑用于保证分段在船台装配时的正确位置和型线,并作为分段的支撑。

例如当舷侧分段末靠有舱壁时,则需要安装 1~2 道假舱壁作为吊装舷侧分段的加强。采用总段建造法时,如果总段端部无舱壁或强框架,便需要设置假舱壁以增强总段吊运时的刚性,保证总段大接缝处的正确型线。临时支撑的安装,有些是在船体结构预装配过程中进行的,有些是在船台装配时进行的。

临时支撑一般都由余料钢板、钢管、型材制成,最后需要拆除,因为其制作、安装和拆除都需要花费大量的材料和工时,所以应尽可能少用。

4. 设计并安装吊环

吊环的设计和安装对于分段的搭载安全非常重要,在分段上安装吊环时,应根据吊运质量和起吊方式设计合适的吊环形式、尺寸、数量及安装位置，并且要严格遵守吊运翻身操作工艺规则。

5. 工具与资料准备

在进行搭载作业前要准备好搭载分段的相关资料，如装配图、分段主要尺度、分段精度基准；还要准备如马板、花篮螺丝等工装工具。

在搭载过程中要进行实时精度控制；搭载后要及时进行搭载精度检测和复测，因此要提前准备好全站仪等测量工具以及测量记录单，以免影响现场作业。

【任务小结】

本任务主要介绍了船台（船坞）搭载阶段的准备工作，在搭载阶段的准备工作中，精度的准备工作尤为重要。

船舶建造形式与其类型、特点和吨位都有关系，还要结合造船企业船台（船坞）的基本装备情况。船台的形式有水平船台和倾斜船台，在精度控制时会因船台的类型不同而有所区别。对合线技术是船舶建造核心工艺之一，因此船台的精度准备工作主要就是划纵向、横向及高度方向的控制线，分段的横向位置主要由船台中心线定位，纵向位置主要由船台肋骨线定位，而高度控制一般用高度标杆。

另外，分段建造车间也需要在船体分段上作对应的装配对合线，同时做防止变形的临时加固并设计和安装吊环。

【综合练习】

填空题	总结
1. 船台是指需要依靠下水装置将船舶移至水域的场所，一般可分为__________船台和水平船台两类。 2. 设置在船台两侧的__________，其上标有基线、水线、甲板边线及其他有关高度的检验线，作为分段安装高度的基准。 3. __________船台一般有条件可以设置肋骨线槽钢。 4. 对于刚性较弱的分段，一般需要做__________措施，保证吊装过程中不变形。	
问答题	
1. 请说明倾斜船台搭载的精度准备工作有哪些内容？ 2. 试具体分析倾斜船台搭载高度控制要点。	

任务3.2 分段搭载工艺及精度控制

• 基本知识

基准分段是船台搭载工作的起始点。基准分段的选择应考虑多种因素,原则上应不影响船台舾装工作。由于机舱舾装工作量相对较大,一般常把机舱及其附近所在的分段作为基准分段,以便尽早完成机舱部位的工作量,尽早开展舾装工作。

3.2.1 底部基准分段的定位

底部基准分段应当先定位再安装,其定位主要包括以下几项工作。

1. 基准分段宽度位置的测量

先在分段的一端,用吊线锤方法使分段中心线对准船台中心线。再在分段的另一端用同样方法使分段中心线对准船台中心线,以确定分段宽度方向上的位置,如果存在偏差可以用工具调整到位。

2. 基准分段长度位置的测量

吊线锤,使分段肋骨检验线对准船台分段肋骨检验线,以确定分段长度方向上的位置。

3. 基准分段水平度的测量

可用水平软管或精密水准仪检测分段水平状态,其中使用水准仪时不必采用标准的高程测量方法,可以采用简化方法(如扫平面),测得相对高差即可。如有发现一角有偏差,说明基准分段存在扭曲,应及时用千斤顶调整分段水平度,使其到位。

如果是水平船台,可以用水平软管法检测底部分段的四角水平,一般可以通过检查内底板等船底平面部位是否在一个水平面来确定,测量点应选择分段前后肋位中心线的左右对称位置上。

船舶首尾分段存在基线升高时,应考虑基线倾斜造成的不同肋位的额外高差。

4. 基准分段高度位置的测量

基准分段的基线高度应以高度标杆为基准,从船底测量分段的高度,以确定分段在高度方向上的位置。一般可用水平软管或精密水准仪进行测量和控制,如有偏差可用千斤顶顶高或放松来调节,分段水平状态调整到位后,敲紧墩木,松去吊车。

在底部分段在水平船台上的肋位、中心线、左右水平皆符合定位要求后,可对分段的高度进行检测,其检测点应设在分段首、尾两端肋位的底板中心处,将其水平标高与船台测量标杆上的基线高度进行对比。

由于测量点在分段底部,不能用水平软管直接测量,因此一般可在船台基线标杆上的船底基线下方 200 mm 处,划一条船底基线的平行线作为测量基准线。将水平软管一端玻璃管靠着基线标杆,另一端的玻璃管靠着测量点处的竖直木尺,使靠着基线标杆处的水平软管的水平面与测量基准线对齐，测量另一端水平软管中的水平面在木尺上的数值并与船体基线高度进行比对。

基准分段高度控制如果采用水准仪则更为方便。在水平船台上，检测底部分段距测量基准线的高度时，将水准仪放置在分段一端的船台上，在船台中心线处整平，观测基准标杆高度位置或高度值，然后将仪器水平转动，分别观测分段底部首、尾两端肋板中心线处的高度值并与基准标杆高度读数相比较（要考虑钢板厚度影响），根据比对结果要调整分段高度，直到高度的精度达到要求为止。

3.2.2 底部基准分段的安装

船台上基准分段对应的位置处应提前按照底部分段强骨架位置和基线高度铺设好墩木，利用船台小车将基准分段吊装运输到平台位置处。

上船台安装前的准备工作：底部分段吊上船台定位前应准备好各种工具，如控制分段横向及纵向位置用的线锤，控制分段水平及高度用的水平软管或精密水准仪，分段的底部四角和艏艉中心线部位安装好液压千斤顶供调整分段高低位置用。

可以提前在墩木上划出分段肋骨检验线，供分段吊装时初步定位用。分段前后两端的中心线附近焊接眼板作为调整分段前后位置的着力点，安装带拉条的松紧螺丝。

基准分段的安装定位要按照预先设计好的工艺进行，具体过程如下：

（1）将分段上的肋骨检验线对准船台墩木上相应的位置线，或用线锤控制。使分段上的肋骨检验线对准船台表面的肋骨检验线，若有偏差可用松紧螺丝调整，符合后将松紧螺丝拧紧固定。

（2）在底部分段两端中心线处，用线锤控制分段的中心线与船台中心线对准。若有偏差用松紧螺丝调整，中心线对准后将松紧螺丝初步固紧。

（3）用水平软管或水准仪控制分段两端高度及左右水平度，液压千斤顶调整偏差。

以上的安装定位精度要求要满足相应精度标准的规定，当分段前后、左右、高低位置经复查都正确后，可将分段松紧螺丝固紧，墩木敲紧，敲紧墩木后可松去吊车。

分段的安装定位工艺复杂，涉及的人员和设备比较多，所以务必要注意现场工作人员的沟通协调，确保施工安全，分段吊装过程中，起重人员要配合现场精度控制人员的指挥。

底部基准分段安装定位的精度还要考虑对后续工艺的影响。比如底部分段设有主机基座时，应特别注意中心线位置的准确性，为后续提高主机安装精度提供更好的条件；当船舶分段数量较多时会存在很多的横向接缝，焊接工作造成船舶翘曲，基准分段定位时高度可允许稍高于船体基线检验线，相当于加放了一定的反变形。

为了保证基本分段定位精度和质量，各工位应根据精度基准的要求进行精度确认，施工人员按“搭载定位基准”施工并经自检、互检合格后填写“搭载定位检测记录表”，通知精度管理部门检查验收，才能进行下道工序。

3.2.3 其他分段的定位安装

底部基准分段位置固定后，即可吊装相邻的其他分段。

对于横舱壁分段，吊装前应以船台（船坞）中心线为基准进行内底中心线修正，并在内底板上开出船体中心线,修正的中心线应以船台(船坞)中心线为基准,吊线锤或用激光经纬仪将船台(船坞)中心线驳划到内底板上。

横舱壁分段的定位精度控制项目包括纵向位置、横向位置、高度控制、左右水平、四角水平,还有舱壁垂直度,一道舱壁至少检查5点位置的舱壁垂直度。

横舱壁分段因为焊接顺序比较靠后,一般应等相邻舷侧分段焊接后焊接。焊接时要注意控制焊前焊后的舱段长度即相邻横舱壁之间的距离,还应随时注意舱壁中心、左右水平,控制垂直度的变化,及时反馈并修正焊接程序。

舷侧分段的定位安装时,其纵向位置的控制通过使分段定位肋骨线对准底部分段相应的定位肋骨线来实现,同时校验舱口尺度及舱壁的前后尺寸,以此做前后位置定位的基准;其高度位置可以通过用水平软管或水准仪调整分段上水线的倾斜度使之与基线相一致来控制;其横向位置可以在分段两端的肋骨线和甲板边线相交处悬吊线锤检验其型宽来控制;最后测量其下口余量清况,固定分段。

舷侧分段一般在对应的横舱壁装配完工后进行焊接。

其他不同类型的分段在定位安装时精度控制项目类似,大都包括横向位置、纵向位置、高度控制、左右水平、四角水平、垂直度等精度保证项目,精度检查工艺和工具也类似。

3.2.4　分段搭载过程中的挠度控制

船体各分段在分别搭载的过程中除了注意控制自身的位置、尺寸,如横向位置、纵向位置、高度、水平等精度控制项目,还必须从总体上检验竣工部分的变形情况,主要就是对船体挠度进行控制。船体挠度可以通过测量船体基线挠度的变化情况得到相关精度数据。

按照精度基准,船底基线挠度的测量应按“船底中心线挠度测量记录表”实施,按精度工艺要求来进行,一般要求如下:

(1)底部每增一只分段,都应对以上船台的所有底部分段进行复查;

(2)内底修改中心线前测量;

(3)舱壁或舷侧分段定位时,测定相应的分段基线;

(4)密试前测量;

(5)密试后测量;

(6)拉轴线前测量;

(7)画水尺前测量。

【任务小结】

本任务主要介绍了船舶分段的搭载工艺及精度控制。

船舶分段的搭载总是逐个进行的,第一个搭载的分段称为基准分段。现场基准分段的传统定位方法一般采用对合线技术,必要的时候吊线锤,可以有效地控制分段的横向、纵向及高度方向上的位置。现场应准备千斤顶等临时移动的设备,当出现定位不准确时可以及时纠正。

分段的定位安装方式与基准分段类似,仅仅是具体分段的对合线位置不同。

每一个分段在搭载之后都要对船体挠度进行测量,以便衡量搭载焊接变形情况。

【综合练习】

填空题	总结
1. 分段的搭载一般应当先__________再安装。 2. 船舶首尾分段存在基线升高时，应考虑__________造成的不同肋位的额外高差。 3. 底部基础分段搭载时，一般在底部四角和艏艉中心线部位安装液压千斤顶，其目的是供____________________用。	
问答题	
1. 请说明底部基准分段的安装工艺过程，并说明精度控制要点。	

任务3.3　船体搭载完工精度检验

● 基本知识

船体建造完工后，在下水前需对船体的总体精度情况进行检测并给出精度报告单，主要包括船舶主尺度及船舶纵向挠度等精度检测项目。

船舶主要尺度检查的内容有船舶长度（包括总长和垂线间长）、型深、型宽等，还有船底纵向挠曲度，艏艉端高度与艏艉柱中心线扭曲度等。这些精度检查项目根据其尺寸特点有不同的测量方法，在测量中应注意测量过程的精度控制，在可能的情况下应研发效率更高的精度测量工艺，尽量提高测量精度。

3.3.1　船体长度的测量

船体长度主要测量船体总长和垂线间长。

由于甲板施工现场比较复杂，存在上层建筑及安装好的各种甲板设备的不利影响，所以船长一般在甲板上不具备直接测量条件，精度人员在测量船长时一般采用投影的方法，先将船舶首尾船长特征点投影到地面上，再采用钢尺丈量并加以必要的修正。

当投影有困难时，可以在船舶首尾焊接一段扁钢，相当于延伸了船长，然后吊线锤投影测量，计算船长时需要将延伸段长度去除。当船舶尺度较大或现场情况复杂导致吊线锤不方便时，也可以使用经纬仪代替线锤来进行投影。

倾斜船台上船长的测量也可以用吊线锤的方法，不过船长的修正稍显复杂，因为还应考虑首尾高度差与船台坡度的影响，如图3.3.1所示。

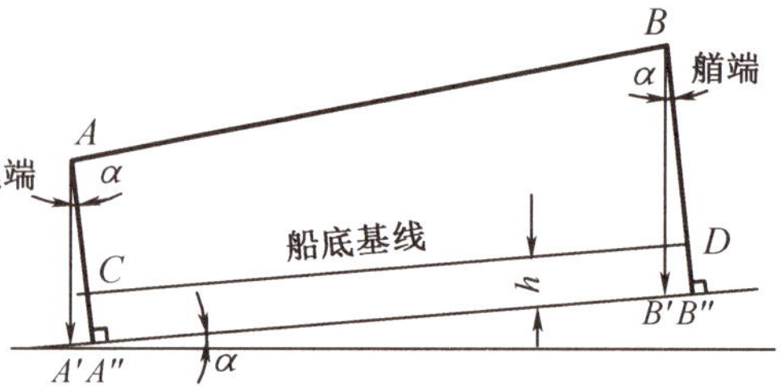

图 3.3.1　倾斜船台上总长的测量

根据图 3.3.1 所示的几何关系，实际船体总长为

$$L_{oa}=A''B''-(\delta_1+\delta_2)$$

$$A''B''=A'B'+B'B''-A'A''$$

而

$$A'A''=(AC+h)\tan\alpha$$

$$B'B''=(BD+h)\tan\alpha$$

则

$$A''B''=A'B'+(BD-AC)\tan\alpha$$

所以

$$L_{oa}=A'B'+(BD-AC)\tan\alpha-(\delta_1+\delta_2)$$

式中　δ_1——艏部钢板厚度；

δ_2——艉部钢板厚度；

h——船底基线至船台的垂直距离；

$BD-AC$——艏艉高差。

3.3.2　船体型宽的测量

船体型宽属于横向尺度，当甲板条件具备时可以采用卷尺直接测量的方法。一般在船体中横剖面的甲板上，用卷尺由一舷的外板内缘量至另一舷的外板内缘的水平距离数值，即为船的型宽。

若甲板上有上层建筑或其他结构而不便测量时，则需要采用间接测量的方法，一般也需要将船舶宽度的特征点投影在地面上进行。由于船体型宽属于横向尺度，经简单地分析可知，投影之后测量长度等于船宽，船宽不受船台倾斜度的影响。

用线锤法测量船宽时，可以在船体中横剖面舷顶列板外侧的甲板边板位置线处焊一扁钢以延伸船宽；然后扁钢上吊线锤投影到船台面上得 A 点，用卷尺测量 A 点至船台中心线或船底中心线的距离 AO，AO 减去舷顶列板厚度及扁钢上线锤距外板表面的距离，即得船体半宽。

用同样方法可测得另一舷的船体半宽，两半宽相加为船体的型宽。

同样，也可以用激光经纬仪代替线锤进行投影，如图 3.3.2 所示。

在船台面上作一根平行于船台中心线的平行线，平行线至船台中心线的距离应略大于船体的半宽。将激光经纬仪置于该平行线上对中、调平，使望远镜视准轴与平行线对准，并与船台上中横平面肋位线相交得 A 点。

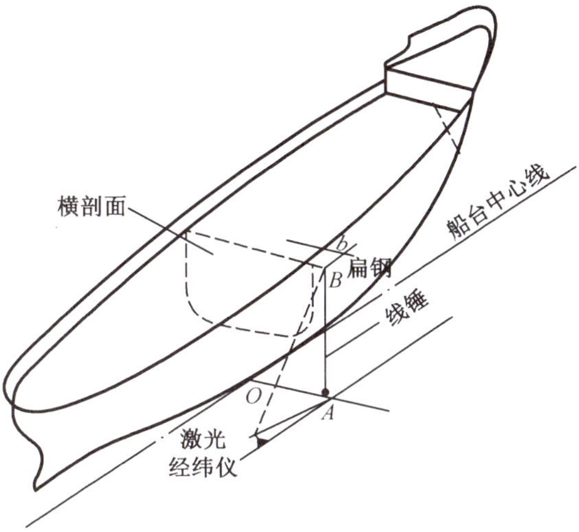

图 3.3.2　船舶型宽的测量

在船体中横剖面舷顶列板外侧的甲板边板位置线处焊一扁钢,且垂直于外板。发射激光至扁钢上,量得光点至船舷的距离为 b。用卷尺测量船台上中横平面肋位线自 A 点至船台中心线的垂直距离 AO,则船体半宽为 $AO-b-\delta$,其中 δ 为舷顶列板厚度。

用同样方法可测量另一舷船体半宽,两半宽相加即为船体的型宽。

3.3.3　船体型深的测量

在水平船台上测量船舶型深,如图 3.3.3 所示,一般也需要在船体中横剖面的舷顶列板外侧的甲板边板位置线处焊一扁钢且垂直于外板。

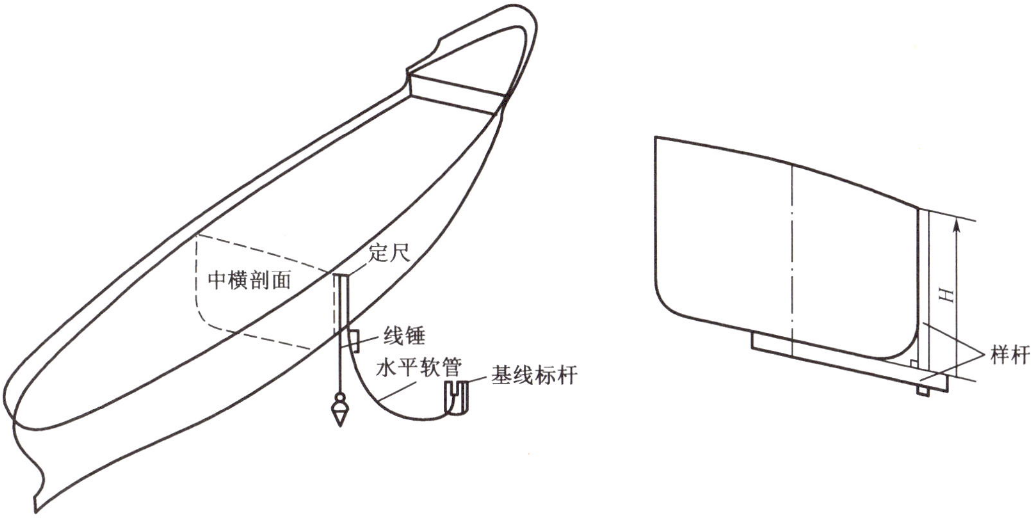

(a)　　(b)

图 3.3.3　船舶型深的测量

扁钢上吊线锤,用水平软管将基线标杆上相应肋位的基线平移至线锤上得一点。用卷尺测量从该点至甲板边板位置的距离,即为船体型深。

在倾斜船台上测量船舶型深时,应考虑船体倾斜度。

小型船舶可直接由样杆测得型深。

3.3.4 船底纵向挠曲度的测量

船底纵向挠曲度,过去都是用水平软管依次测量船底各相应肋位处距理论基线的差数得到的。

在倾斜船台上测量船底纵向挠曲度时,必须考虑船台倾斜度的影响,因此比较麻烦。用激光经纬仪测量船底纵向挠曲度比较方便。如图 3.3.4 所示,当船台倾斜时,是将激光经纬仪放在船尾端,使望远镜的视准轴与船底基线平行,然后用直尺直接测量船底各相应肋位处与激光束之间的垂直距离,将所测得的各点值减去激光束与船体基线距离的值并记录,即为船底纵向挠曲度。

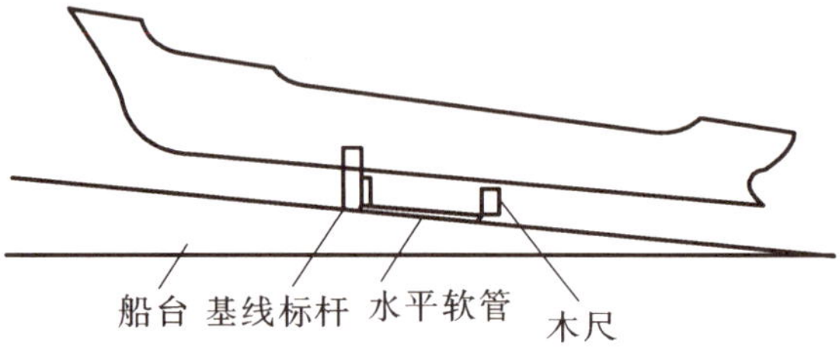

(a)

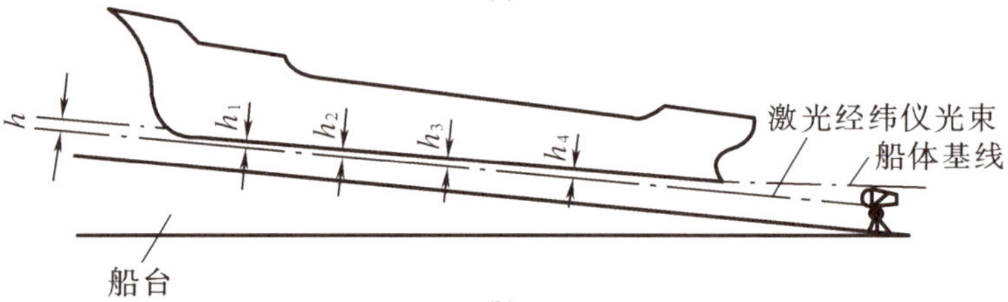

(b)

图 3.3.4 船底纵向挠曲度测量

3.3.5 艏艉端点高度的测量

艏艉端高度的测量与型深测量相同,以艏端高度测量为例。

1. 用一般根据测量艏端高度在艏端吊线至船台表面。

在水平船台上可用水平软管将船体基线高平移至线锤线上,用卷尺测量该点至艏端点的距离即为艏端高度。

图 3.3.5 是在倾斜船台上测量艏艉端点高度的示意图。倾斜船台上船体首端点吊线锤,将最接近艏端线锤线的标杆上某号肋位的基线高,用水平软管平移至线锤线上得 D 点,然后减去该号肋位至艏端线锤线距离的升高值 H,在线锤线上得 B 点,从 B 点量至艏端点 A 的距离 AB。考虑船台倾斜角的影响,艏端点的高度应为

$$AC=AB\cos\alpha$$

式中　α——船台的倾斜角。

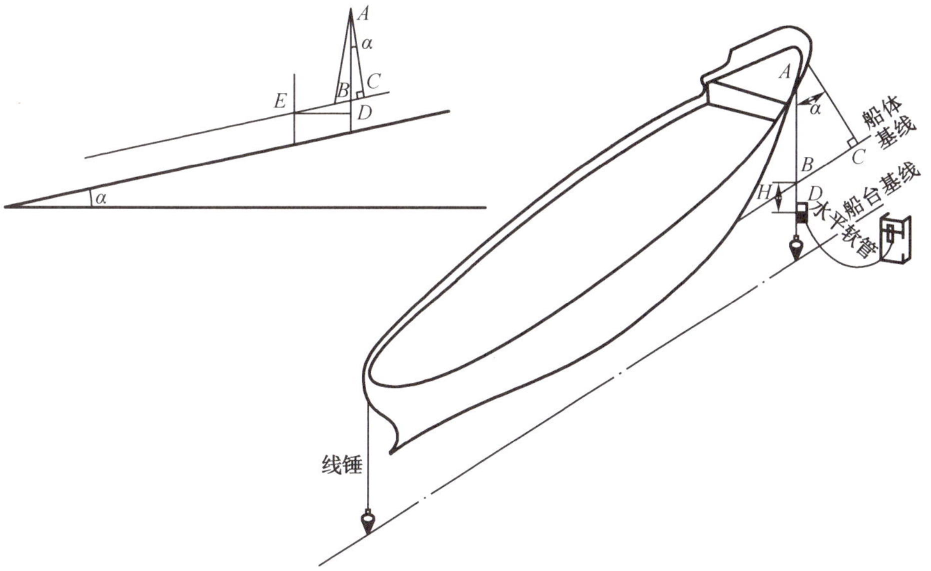

图 3.3.5　在倾斜船台上测量艏艉端点高度

2. 用仪器法测量艏端点高度

将经纬仪安在船台中心线或中心线延长线上，仪器调整水平后将望远镜中十字丝中心对准艏端点，记录经纬仪的竖直角度，同时测量经纬仪到艏端点投影点的直线距离，按下式计算出艏端点高度：

$$H_s=(a-c)\tan\beta-h+i$$

式中　H_s——艏端点高度；

h——船体基线距船台中心线的垂直距离；

i——仪器本身高度；

β——仪器视准轴与横轴夹角；

α——仪器到艏端点在船台中心线上投影点的直线距离。

艉端点高度的测量方法与艏端点高度测量方法相同。

3.3.6　艏艉柱中心线的测量

测量艏艉柱中心线主要是为了检查其中心偏移，因为艏艉柱的安装精度会影响航线稳定性。可以采用吊线锤法：在艏艉柱中心线取一些点，吊线锤至船台，测量线锤线与船台中心线的距离，即得艏艉柱中心线各点的偏离值。

吊线锤法因操作简单而被广泛采用，但这种方法受风等外界因素影响，当实施比较困难时可以采用经纬仪法（图 3.3.6）。

用激光经纬仪测量时，将激光经纬仪放在船台中心上，将底座调平，使仪器与船台中心面重合，并发射激光束，使其与船台中心线对准，并固定仪器水平转角，然后将望远镜绕横轴转动,光点沿艏艉柱上、下缓慢移动,测量光点至艏艉柱中心线的距离,即得艏艉柱中心线各点的偏离值。

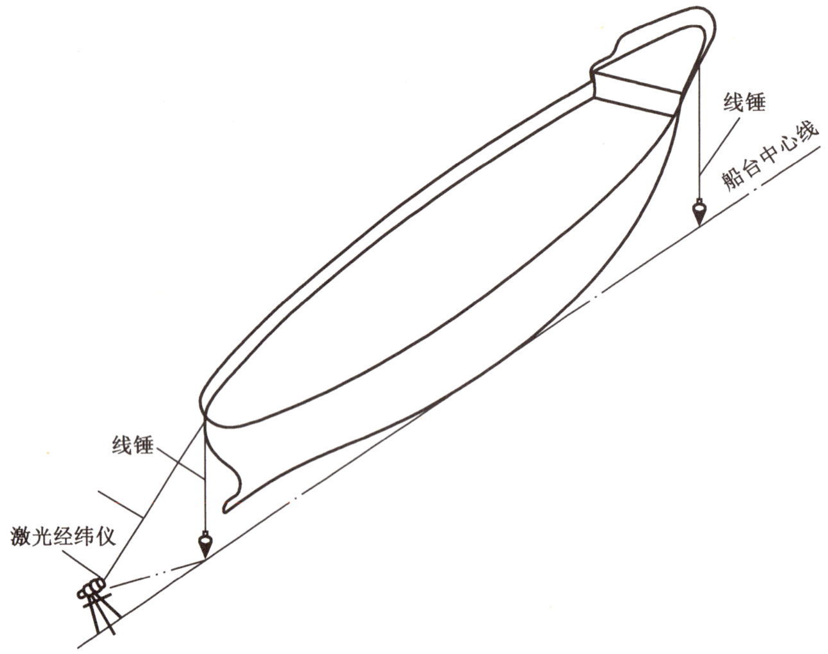

图 3.3.6　艏艉柱中心线的测量

3.3.7　完工精度测量管理

全船搭载完工后,由精度管理部门对单船搭载精度数据进行分析,一般需要形成以下数据和图表:

(1)对全船搭载进行区域划分,一般划分为艏部区域、货舱区域、机舱区域、艉部区域、上建区域和舱口围等区域;

(2)各个技术参数实测数据与理论数据误差"点"型分布图及说明;

(3)焊接收缩量分布图及平均值。

在以上基础统计的前提下,精度管理部门应协调相关部门对精度管理统计结果进行系统性分析,生成精度分析文件,文件内容应包括精度分析方法的科学性论证、在施工过程中精度事故及其影响、工艺对精度的影响及工艺改进意见等;

以上精度数据统计和分析应由精度管理部门形成书面材料,同时提交船研所、计划部、船加部、总装部等部门,作为优化生产设计和建造工艺、精度管理水平的基础,并归档永久保存。

【任务小结】

本任务主要介绍了船体搭载完工后的精度检验。

船体建造完工的精度检验项目主要包括船舶主尺度及船舶纵向挠度等。船舶在不同类型船台上的姿态不同，所以在船舶主尺度及挠度测量中会有不同的精度测量工艺。一般情况下，如果具备直接测量的条件就直接测量，否则就需要使用间接测量的方法，常规的间接测量的方法主要是采用投影原理，当吊线锤不方便时还会使用经纬仪代替。

布设了数字化船台（船坞）的造船企业，在主尺度测量时可以利用数字化船台（船坞）控制网，测得特征点坐标之后进行换算得到，而且测量精度往往更好。

【综合练习】

填空题	总结
1. 船体建造完工的精度检验项目主要包括__________及船舶纵向挠度等。 2. 用卷尺由一舷的外板内缘量至另一舷的外板内缘，即为船舶的__________尺度。 3. 小型船舶可直接由__________测得型深。 4. 在倾斜船台上测量船底纵向挠曲度时，必须考虑船台倾斜度的影响，使用__________仪测量比较方便。	
问答题	
1. 请绘出示意图，说明倾斜船台上船长的常规测量方法。 2. 请绘出示意图，说明倾斜船台上如何测量船体挠度。	

项目4

船舶建造精度测量原理及工具

• 项目描述

在船舶建造各工艺阶段的精度控制过程中，对船舶建造中间产品进行实时监测和测量是精度管理的重要手段。中间产品在建造之前进行一定精度的放样是保证工艺精度的前提，另外，船舶建造好后也必须进行必要的精度检查和验收，按照精度标准对测量数据进行精度衡准和评判，并作为以后提高造船精度管理水平的数据支撑。

船舶建造精度控制测量中常用的仪器主要有：钢尺、锤球、水准仪、经纬仪和全站仪等，传统的精度测量以钢尺和锤球为主，现代精度测量已逐步被经纬仪、全站仪等高精度的测量设备所替代，以满足现代精度造船的要求。船舶建造精度测量主要内容包括厚度测量、长度测量、角度测量、高程测量、三维坐标测量等。

精度测量必须要掌握一定的测量原理和理论，并掌握各种测量工具的正确使用，根据测量精度的要求选择合适的测量方法和测量工具，能够对测量结果进行科学的数据处理。本项目主要介绍船舶建造过程精度测量中涉及到的各种工具，包括长度测量工具如各种钢尺等，高度测量工具如各种水准仪，角度测量工具如各种经纬仪，三维坐标测量工具如各种全站仪等。

• 知识框架

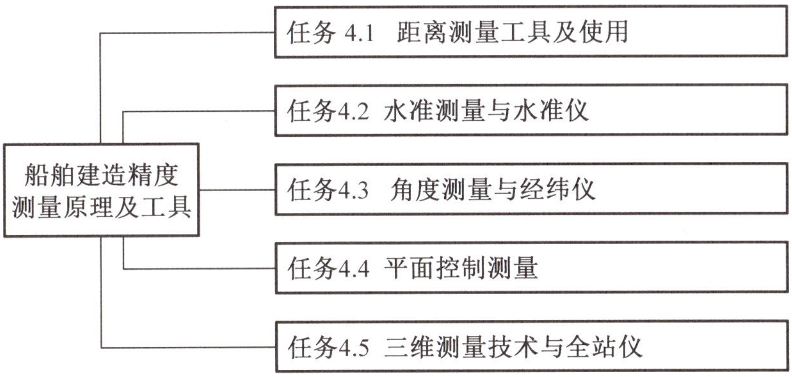

任务4.1 距离测量工具及使用

● 基本知识

4.1.1 船舶建造工艺中的长度测量

长度是几何测量的基本元素，长度测量也是船舶建造精度测量中的常见测量项目，船舶在建造时必须保证材质和尺寸合乎设计要求，才能保证船舶成品的各项指标。船体各种结构件包括板材和型材都有一定的形状尺寸，这些形状尺寸的测量本质上都是距离测量。

距离测量的方法主要有三种：直接测量、间接视距测量和物理测距。

直接测量就是用尺子直接测定两点间的距离，一般可以用钢卷尺，精度要求高的用铟瓦尺。间接视距测量是使用装有视距丝装置的测量仪器配合标尺，利用相似三角形原理，间接测定两点间距离，该测量方法操作方便，但精度较低，一般用于精度不高的工程测量。物理测距是利用光波或电磁波的波长、波速与传播时间的关系来测定两点间的距离，该测量方法精度高，可以达到毫米级甚至亚毫米级，是测量中应用最多的电子测距方法，目前也广泛应用于船舶建造的精度控制。

4.1.2 钢卷尺量距

钢卷尺是由钢材制成的带尺。钢尺宽度一般为 10～15 mm，长度有不同的规格，如 20 m、30 m、50 m 等几种。钢尺的最大刻度值称为名义长度，受加工制作误差和温度的变化影响，钢尺的实际长度一般不等于名义长度。

长大距离测量和精度较高的测量一般会使用标杆、测钎、垂球、温度计、弹簧秤等一些辅助测量工具，标杆用于标定直线，垂球用于对测量点，弹簧秤用于施加标准拉力，温度计用来根据温度调整测量结果。

测量两点之间距离时，需要先明确测量的是倾斜距离还是水平距离，两点距离较远的时候，还需要多个尺段用钢尺逐段丈量。若需要测量水平距离，可以分段测量水平距离并累加，也可以分段测量斜距然后再按倾斜角度修正，无论采用哪一种方法都应设计专业的测量记录表格，做好测量记录。

距离测量一般应按以下步骤进行：

1. 直线定线

在两点形成的直线之间加密测量点的过程称为直线定线，这是为了提高测量精度的一种措施。根据精度的要求，可以采用目测定线或者经纬仪定线等方法。目测定线需要使用标杆，加密点形成的各个尺段的长度不超过钢尺名义长度，以便测量顺利进行。

测距精度要求较高时可以采用经纬仪定线，在加密点处需要打桩钉或使用测钎作为标记。

2. 测量距离

距离需要分段测量时，一般由三人组成测量小队，分别作为前尺手、后尺手和测量记录员，高精度测量时要注意每个测量结果都要及时记录对应温度，对钢尺施加标准拉力，一般 30 m 钢卷尺 100 N，50 m 钢卷尺 150 N，宜使用弹簧秤。

为了防止测量错误和提高测量的精度，两点之间的距离一般至少需要往返测量一次，根据往返测量的结果来衡量本次距离测量的相对精度，相对精度的计算公式为

$$\frac{|\text{往测距离}-\text{返测距离}|}{\text{往返侧平均距离}}$$

然后转化为分子为 1 的形式，分母越大说明距离测量精度越高。

4.1.3　钢尺长度的确定

距离测量必须首先保证钢尺的精度，否则会造成一定的系统误差。由于加工制作的原因，钢尺出厂都是带有误差的，另外环境温度的变化和钢尺在使用过程中过大的拉力产生的塑性拉长，都会对钢尺真实长度产生影响，因此在距离测量的时候必须得到钢尺的真实长度。为保证钢尺量距的精度，钢尺需要定期到指定计量机构检定，得到钢尺的尺长方程式。

钢尺的尺长方程式是表征钢尺真实长度与环境温度之间函数关系的公式，研究表明，钢尺的尺长方程式可表示如下：

$$L(t)=L_0+\Delta L+\alpha(t+t_0)L_0$$

式中　$L(t)$——环境温度 t 对应的实际长度；

t——当前环境温度；

L_0——钢尺名义长度；

ΔL——尺长改正数；

α——钢尺热膨胀系数，一般为 $1.15\sim1.25\times10^{-5}/℃$；

t_0——钢尺检定时的标准温度。

只有具有尺长方程式的钢尺才能知道其真实长度，才能准确测量长度和距离，所以钢尺方程式未知或长期没有检定时会导致系统误差，在使用之前必须要进行检定，一般都是按要求定期检定。

钢尺检定的方法可以采用以下几种：

1. 比长法

比长法是最常用的确定尺长方程式的方法。其原理是，假定两根钢尺的膨胀系数相同，把已检定过的已有尺长方程式的钢尺作为标准尺，通过比长结果和两把尺子的长度关系，可以根据标准尺的尺长方程式计算出被检定钢尺的尺长方程式。

操作时，可以将标准尺与被检定钢尺并排放在地面上，在每根钢尺的起始端施加标准拉力，并将两把尺子的末端刻划对齐，在零分划附近读出两尺的差数。

【例 4.1.1】　有一根待检定钢尺为 2 号钢尺，名义长为 30 m。已知标准钢尺为 1 号钢尺，名义长也是 30 m，其尺长方程式为

$$L(t)_1 = 30\ \text{m} + 0.003\ \text{m} + 12.5\times10^{-6}\times30(t-20\ ℃)\ \text{m}$$

两尺用比长法检定，检定时温度为 24 ℃，比长结果 1 号钢尺比 2 号钢尺长 0.007 m，求 2 号钢尺的尺长方程式。

解 根据比长结果，应该有 $L(t)_2 = L(t)_1 - 0.007$

故待检 2 号钢尺的尺长方程式应为

$$\begin{aligned} L(t)_2 &= [30\ \text{m} + 0.003\ \text{m} + 12.5\times10^{-6}\times30(t-20\ ℃)\ \text{m}] - 0.007\ \text{m} \\ &= 30\ \text{m} - 0.004\ \text{m} + 12.5\times10^{-6}\times30(t-20\ ℃)\ \text{m} \end{aligned}$$

2. 基线法

用比长法对钢尺进行检定会将标准尺的误差带入待检测的钢尺。更高精度的检定可以使用基线法，一般可在国家测绘机构的比尺场地或已精确测定长度的标准基线上进行量距，用待检钢尺多测回丈量基线长度，推算出尺长改正数及尺长方程式。

【例 4.1.2】 有一根名义长度 30 m 的待检定钢尺，拟用基线法进行检定。已知标准基线长度为 300.047 m，环境温度 12 ℃时钢尺测得基线长度为 300.124 m，求钢尺的标准尺长方程式(20 ℃时的尺长方程式)。

解 设环境温度 12 ℃时的钢尺真实长度为 $30+\Delta L_0$

则应有 $$300.047 = 300.124\times(30+\Delta L_0)/30$$

解得 $$\Delta L_0 = -0.008\ \text{m}$$

则 12 ℃时钢尺尺长方程式为

$$L_t = 30\ \text{m} - 0.008\ \text{m} + 12.5\times10^{-6}\times30(t-12\ ℃)\ \text{m}$$

从而进一步可以计算出该钢尺在 20 ℃时的长度为

$$L_t = 30\ \text{m} - 0.008\ \text{m} + 12.5\times10^{-6}\times30(20-12)\ \text{m} = 30\ \text{m} - 0.005\ \text{m}$$

故 20 ℃时的标准尺长方程式可以写为

$$L_t = 30\ \text{m} - 0.005\ \text{m} + 12.5\times10^{-6}\times30(t-20\ ℃)\ \text{m}$$

4.1.4 钢尺量距的误差来源

分析钢尺量距的误差来源主要用于指导测量作业，尽量避免测量中的误差，以提高测量精度。用钢尺测量距离的误差来源主要有以下几个方面：

1. 尺长本身的误差

使用未经检定或未加尺长改正的钢尺，由于钢尺本身名义长度与真实长度不符会引起误差，显然这属于系统性误差，用往返测量的平均值也不可抵消，距离越长误差越大。在距离测量中必须使用经过鉴定的钢尺。

2. 直线定线误差

分段丈量时若存在定线偏差，则各测段呈折线型，最后总距离实际是折线段总长，若距离 30 m、定线偏差 0.4 m，则距离测量结果增大约 2.67 mm，经过简单的数学分析可知，相对误差为 1/11 000，这对于精密量距来讲是满足不了要求的，因此精密量距的时候一般需要用经纬仪定线。

3. 水平距离测量时，钢尺不水平造成的误差

水平距离测量时，如果各分段采用水平距离测量法，应尽量保证前后两端点处于同一水平面上，否则总距离也会是各分段折线距离的累加，其误差的性质和大小与直线定线产生的误差类似。

4. 温度变化的误差

钢尺使用时如果没有考虑环境温度，就不可避免产生测量误差。研究表明，如果温差为 10 ℃，距离为 100 m，则其温度变化对距离的影响为 12 mm，对精密量距来说是不容忽视的。高精度测量中必须实时测量环境温度，以便对距离测量结果进行温度修正。

5. 拉力误差

拉力的误差较小，其最大的误差影响约为距离的 1/16 000，在精密测量中可用弹簧秤加标准拉力以减少其影响。

6. 丈量方法误差

钢尺量距本身必须要有对点、读数等步骤，因此会引起如对点误差、读数误差、凑整误差等，这些误差本身并不大，其数值又可正可负，因此总的影响很小。

7. 钢尺垂曲误差

钢尺悬空测量时中间下垂而产生的误差会使所测距离偏大，属于系统性误差，应加以改正。

【延伸阅读】

在船舶建造各工艺阶段的精度控制过程中，对船舶建造中间产品进行实时监测和测量是精度管理的重要手段。一方面，中间产品在建造之前进行一定精度的放样是保证工艺精度的前提，另一方面，在中间产品建造好之后也必须进行精度测量，按照测量数据和精度标准对精度进行衡准和评判，并作为以后提高造船精度管理水平的数据支撑。

我国的造船企业众多，大型造船企业基本都拥有现代化的加工、运输设备，每年的船舶制造总量位居世界前列，但船舶的设计和制造水平仍较落后，大多数的造船企业还在沿用传统的测控技术，特别是在精度造船方面，其理论和技术与世界先进水平有一定的差距，为了实现我国造船业智能制造的目标，加强造船精度管理理论的研究和推广船舶高精度测量技术在造船企业的应用非常必要。

1. 船舶建造工业测量技术

可靠的检测工具和较高的测量水平是提高造船精度的保障，尺寸精度、变形大小都应通过测量得到，为补偿量计算提供原始数据，可以说测量是船舶建造过程中进行质量管理、监督和控制的基本手段。

随着现代测量技术的发展，测量技术已从接触式测量发展到了非接触式测量。Lightfoot 等利用远距离照相技术对船舶建造过程中的焊接收缩量进行测量，收集焊接热应力变形的原始数据。与此同时，现代化的测量工具不断推进了造船精度测量技术的发展。如根据现代测量技术的发展，针对船体分段等大型工件尺寸测量的需求和应用，将线结构光应用到大型工件的测量系统中；采用激光经纬仪对尾轴管镗孔及舵承镗孔前的轴线进行勘测，为现代造船过程提供了一种简单可靠的测量方法。全站仪作为一种可以同时进行角度测量、

距离测量和数据处理的现代化测量工具,在船舶制造企业中得到广泛应用,提高了船厂的测量技术水平和造船精度控制的水平。随着现代测量手段及测量工具的发展,目前造船精度测量技术已相对比较成熟。

2. 研究船舶建造测量的意义

现代船舶制造企业多采用船体分段建造工艺,分段的精度控制会影响分段划分。提高分段建造精度可以避免传统建造方法材料和工时的浪费,从而提高生产效益、节约成本。因此,在当代世界船舶行业的竞争格局下,研究与开发船舶建造测控理论与技术显得尤为重要,其理论和现实意义主要体现在以下几个方面。

(1)提高制造精度,确保拼装效率。

船舶建造测控理论与技术的研究和开发,是提高造船质量、缩短造船周期、降低造船成本的重要突破口。在船舶建造过程中,钢料经过预处理,随后根据放样结果切割或加工成零件,再组装成各种部件,小组立成平面、曲面等分段,大组立成总段,最后在船台或船坞进行焊接装配,直至形成整艘船体。对其中间产品即船体分段的测量分析,可有效提高其制造精度,确保最后的拼装效率。

(2)转换造船模式,实现“数字化造船”。

推进船舶建造测控理论与技术的研究和应用可以促进转换造船模式,实现“数字化造船”。传统造船工艺中的测量工作主要选用角尺、钢板尺、钢卷尺、水平软管、吊锤、光学水平仪等,不仅影响到精度造船的深入,而且大大限制了其他相关造船技术的应用,无法体现整体的造船效益。因此,先进的测控理论与技术在我国造船工业中的广泛应用是提高我国造船精度管理水平的必经之路。

(3)拓宽船舶市场,提高竞争力。

船舶建造测控理论与技术的研究和应用可以提高我国船舶企业的竞争力。船舶建造精度控制技术是制约我国船舶市场发展的主要因素之一,如我国承接新船订单中,主要是散货船、集装箱船等利润相对低的船种,而日、韩、欧美大型船企则以建造豪华游船、客货两用船和休闲类船艇等利润空间大、技术要求高的船种为主。船舶建造测量分析系统可有效确保装配工序和分段合拢的精度,有利于提高本国造船工业在国际市场中的竞争力。

3. 超声波测厚仪

船体零件的厚度尺寸也有一定的要求,一般负偏差不要超过 0.3 mm,由于返工的切割和焊接等作业会造成工时浪费,所以应在钢板切割前进行钢板厚度测量,检查钢板厚度是否符合标准。

常用的测量厚度的检测工具有游标卡尺和超声波测厚仪,其中超声波测厚仪是利用超声波的反射来测量钢板厚度,常用于船体分段上或船上检查结构零件的厚度。

【任务小结】

本任务主要介绍了常用距离测量工具钢卷尺的相关知识。

距离测量的方法主要有直接测量、间接视距测量和物理测距三种。船舶工程中长度的测量广泛使用钢尺,钢尺在使用前必须经过检定,在距离测量过程中必须考虑误差产生的原因,在测量实施过程应操作规范,尽量减少误差。

学生应重点掌握钢卷尺的使用方法、钢卷尺的检定，高精度距离测量的实施和测量数据后处理，掌握相关测量表格的填写格式和计算。

【综合练习】

填空题	总结
1. 船舶建造精度测量主要内容包括__________、__________、__________、__________、三维坐标测量等。 2. 船舶工程中三维坐标测量仪器主要是__________仪。 3. 距离测量的第一步是__________。 4. 距离测量的三人小组，任务分工分别为__________、__________和__________。 5. 钢尺的尺长方程式为__________，其中 α 为__________，其范围一般为__________。 6. 钢尺检定的两种方法为__________和__________。	

判断题	总结
1. 经纬仪是船舶工程中常用的三维坐标测量仪器。(　　) 2. 钢尺热膨胀系数，一般为(1.15~1.25)×10^{-6}/℃。(　　) 3. 钢尺检定的比长法比基线法精确。(　　)	

【实操训练】

在地面上任意定相距 80 m 左右的两点 *A*、*B*，用直线定线的方法定出直线上的点 1 和点 2，用 30 m 的钢卷尺分 3 段按高精度测量的要求测量其总长，数据记录填入下表，并完成计算。

表 4.1.1　距离测量计算表

钢尺号：__________　钢尺线膨胀系数：__________　检定温度：__________℃　计算者：__________

名义长度：__________m　钢尺检定长度：__________m　检定拉力：__________kg　日期：__________

尺段	丈量次数	前尺读数	后尺读数	尺段长度	温度/℃	高差/m	温度改正/mm	高差改正/mm	尺长改正/mm	改正后尺段长/m
1	2	3	4	5	6	7	8	9	10	11
A-1	1									
	2									
	3									
	平均	\	\							

表 4.1.1(续)

尺段	丈量次数	前尺读数	后尺读数	尺段长度	温度/℃	高差/m	温度改正/mm	高差改正/mm	尺长改正/mm	改正后尺段长/m
1	2	3	4	5	6	7	8	9	10	11
1-2	1									
	2									
	3									
	平均									
2-*B*	1									
	2									
	3									
	平均									
Σ										

任务4.2　水准测量与水准仪

• 基本知识

4.2.1　船舶建造工艺中的水准测量

船舶建造工程中经常会遇到需要测量两点高差或者测量点高度的情况,比如制作胎架的型值控制、平面平整度测量、船台分段吊装的高度控制、船舶主尺度测量等,这些都可以运用水准测量方法。船舶建造工艺中传统的高度控制经常使用水平软管,理论上都可以用水准仪采用水准测量的方法来代替。

水准测量又称为高程测量,在工程测量领域应用很广泛,它主要可分为几何水准测量、三角高程测量、液体静力水准测量以及 GPS 高程测量等种类。高程测量多使用不同种类、不同精度的水准仪。在工程领域的长大隧道的变形测量中,人们还研发了液体静力水准测量系统,可以通过各种类型的传感器测量容器的液面高度,同时获取数十乃至数百个监测点的高程,具有高精度、遥测、自动化、可移动和持续测量等特点。有些工程的变形测量比如挠度曲线测量也会用到水准测量方法,如桥、塔或船舶在竖直平面内相对于水平基准线的挠度测量。

4.2.2　水准测量的原理

水准测量要使用水准仪，配套工具为水准尺和尺垫。水准尺一般为木质或铝质，上面有长度刻度，采用国际单位制，一般精度的水准尺最小刻度为毫米。

实施测量时，首先在地面两待测点 A、B 之间大致等距处安置水准仪，并通过三脚架和脚螺旋将水准仪调平，水准仪就提供了一条水平视线。将水准尺先后放置于 A、B 两点并读出水准尺的读数，显然二者读数之差就是对应的两点高差。

在测量过程中水平视线的高度不能发生变化，也就是说水准仪不可移动只可转动，如果其中一点的高程已知，就可根据该点高程推算出另一未知点的高程。

水准测量原理如下图 4.2.1 所示。

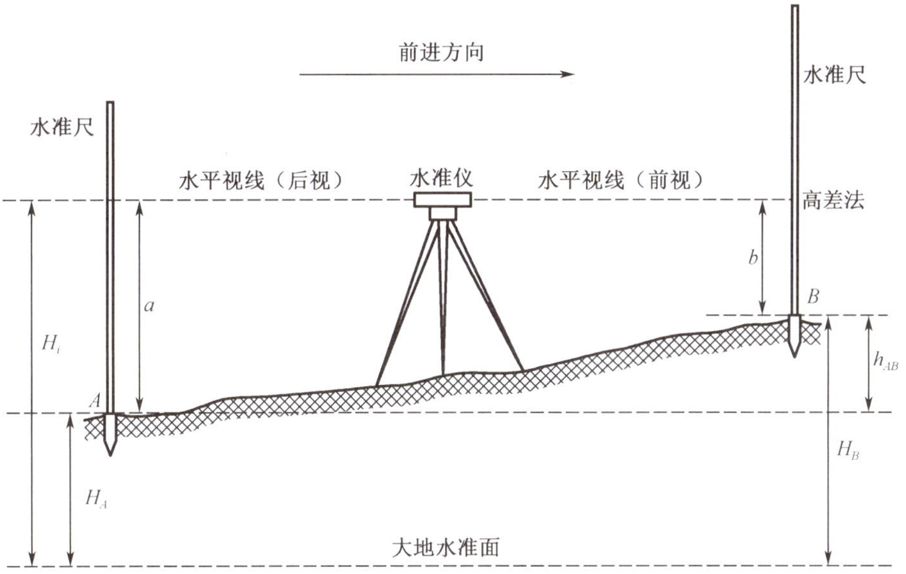

图 4.2.1　水准测量原理

计算公式为

$$H_b = H_a + h_a - h_b$$

式中　H_b——待测点的高程；

H_a——已知点的高程；

h_a——点 A 的水准尺读数，一般称为后视读数或后尺读数；

h_b——点 B 的水准尺读数，一般称为前视读数或前尺读数。

计算公式也可以总结为

前视高程=后视高程+后视读数-前视读数

需要测量的未知点较多时还需要规划路线，通常由水准原点或任一已知高程点出发，沿选定的水准路线逐站测定各点的高程，由水准测量原理可知，总可以从前点已知高程推算出后点已知高程，所以水准测量的特点就是各点依次顺序完成，测量过程中要保持点的测量数据的连续性。

特殊情况下，比如两点之间的距离较远，或者高差较大时，或者不能通视时，不可能安置一次水准仪完成高差测量，这时可以在两点之间任意插入若干中间测量点（称为转点），通过分段测量的方法完成两点高差的测量。

4.2.3 水准仪的种类

水准仪按设计原理不同可以分为水准气泡式（微倾式）和自动安平式。水准气泡式水准仪是根据水准管气泡来设置安平仪器的视准轴（视线），自动安平式水准仪则设计了水平补偿装置，先通过水准气泡粗平，再由自动补偿装置自动安平仪器的视准轴。

水准仪也有不同的设计精度，可以根据测量的精度要求选择不同精度的水准仪。由于我国对大地测量仪器规定的总代号为“D”，水准仪代号为“S”，再结合精度的表达要求，所以我国生产的普通水准仪常见的有 DS05、DS1、DS2/DS3、DS10 等型号，如果是自动安平水准仪，则用 DSZ05 等来表示。微倾式水准仪如图 4.2.2 所示，自动安平式水准仪如图 4.2.3 所示。

图 4.2.2 微倾式水准仪

图 4.2.3 自动安平式水准仪

高精度水准测量中可以使用光学精密水准仪。

随着科技的发展,水准测量也有电子化和智能化的发展趋势,人们已经发明了电子数字水准仪(图 4.2.4),通过专用的条码水准尺,利用电子摄像和图形图像识别原理,电子水准仪能够自动识别水准尺读数,在一定程度上减少人为误差,提高精度。由于船舶建造的精度要求较高,所以造船企业应优先采用电子数字水准仪进行高程控制。

图 4.2.4　电子水准仪

4.2.4　水准仪的使用和读数

水准仪的结构主要有照准系统、水平指示系统和水平调整系统。

照准系统主要指光学瞄准器和由目镜、物镜组成的测量望远镜系统,可以实现瞄准、对焦、十字丝清晰度调整的功能。

水平指示系统指圆水准器和管水准器。圆水准器顶面的内表面是球面,其中有圆形分画圈,圆圈的中心为水准器的零点,通过零点的球面法线为圆水准轴。当气泡位于圆水准器中心时,视准轴大致水平,这样可以通过调整圆水准器居中,间接将视准轴调整水平。水准仪一般至少配置一个圆水准器,方便观察和调整仪器的水平状态。

微倾式光学水准仪还会配备管水准器,用于视线的精确调平。管水准器与望远镜连在一起,因此用于指示和调节望远镜视准轴水平。

水平调整系统主要指三个脚螺旋。旋转脚螺旋的时候可以改变该处仪器与基座的高度,因此可以通过调整三个脚螺旋的适当高度调整仪器的水平姿态。

操作水准仪一般要按照以下步骤进行:

1. 安置水准仪

将三脚架牢固放置于测站点上,并使高度适中而且大致水平。打开仪器箱取出仪器,用连接螺旋将水准仪牢固连接在三脚架头上。

2. 粗略整平

按左手大拇指原则调整脚螺旋,使圆水准器气泡居中,仪器竖轴大致铅垂,视准轴粗略水平。

气泡的移动方向一定会沿着左手大拇指的旋转方向,可以利用这个原理快速掌握脚螺旋的调整技巧。

3. 瞄准、对焦

先利用照准器大致照准远处的水准尺,从目镜中观察并先调整目镜处调焦旋钮使十字丝清晰,然后调整物镜调焦旋钮使水准尺清晰可见,光线较暗时可使用手电等临时照明措施。

如果目标水准尺不在视野中心,可以使用水平微动旋钮转动仪器,使水准尺位于十字丝中心并确认水准尺前后方向和左右方向的垂直度。

为尽量消除视差,眼睛在目镜后上下微动,确保眼睛上下移动时水准尺读数不变。

4. 精准整平、读数并记录

水准仪说明书

自动安平水准仪,可以直接对水准尺进行读数并记录。读数时以水准仪横丝所在位置刻度为准,如果水准尺有倾斜,需要将水准尺扶直至垂直地面之后再进行读数。

微倾式水准仪则需要调整微倾螺旋进行精准整平,使符合水准管气泡居中,然后读数并记录。

电子水准仪则只需要按下测量功能按钮即可自动读数并记录数据。

4.2.5 水准测量的实施和数据处理

工程中进行高程控制,通常在现场会布置若干已知高程的水准点,这些水准点可以是国家测绘部门测定和埋设的标准水准点,也可以是施工单位比如船舶企业自己设置的水准基点。

船舶企业是否设置自己的水准控制网,需要根据工程是否需要绝对高程(即海拔)来确定,比如在船厂新建干船坞时需要控制船坞底部与相邻江河湖海的相对高度,还需要考虑潮汐和季节水位的影响,显然在工程建设时必须与国家高程系统联网联测;分段的胎架在高程控制时就不必与国家水准网联网,设置临时的水准基点即可。

水准测量通常从某个已知高程水准点开始。测量点较多时可以规划一条贯穿所有测量点的测量路线,水准测量的实施路线称为水准路线,根据实际情况可以布置成单一水准路线或者水准网。

单一水准路线最常见的就是附和水准路线和闭合水准路线,这两种水准测量路线的优点是都可以对测量数据进行校核纠正。单一水准路线如图 4.2.5 和图 4.2.6 所示。

图中 BM 为水准点,测量点编号用阿拉伯数字 1、2、3 等表示。

如果水准点很多,则测量路线的选择就比较灵活,可能会形成网状结构,所以称为水准网,如图 4.2.7 所示。

为了便于数据整理和交流,设计专用的测量记录表格和数据处理表格,数据的记录要严格按照标准格式。下面以符合水准路线的测量为例,说明测量、表格记录及数据计算过程。

【例 4.2.1】 图 4.2.8 为符合水准路线测量示意图。已知水准点 BM1 高程为 10.000, BM2 高程为 10.815,计划按符合水准路线测量,从 BM1 向 BM2 方向进行,待测高程的点为

1、2、3、4，仪器的设站点为Ⅰ、Ⅱ、Ⅲ、Ⅳ、Ⅴ，水准尺对应的读数标于水准尺旁边。测量的最终目的是求得点1、2、3、4的高程。

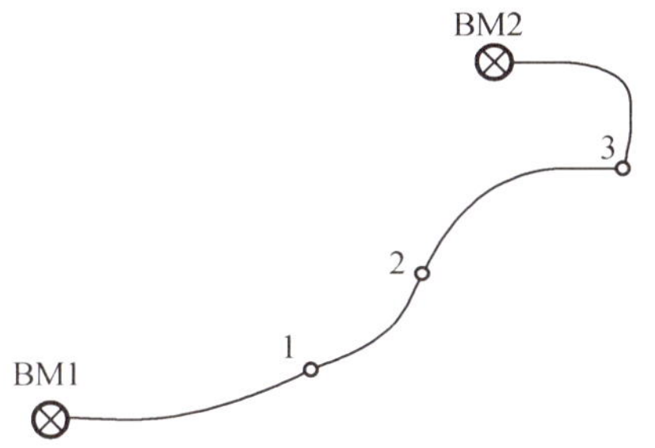

图 4.2.5　符合水准路线

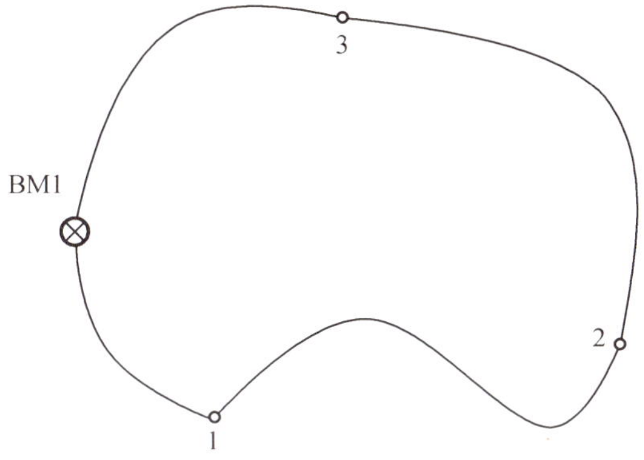

图 4.2.6　闭合水准路线

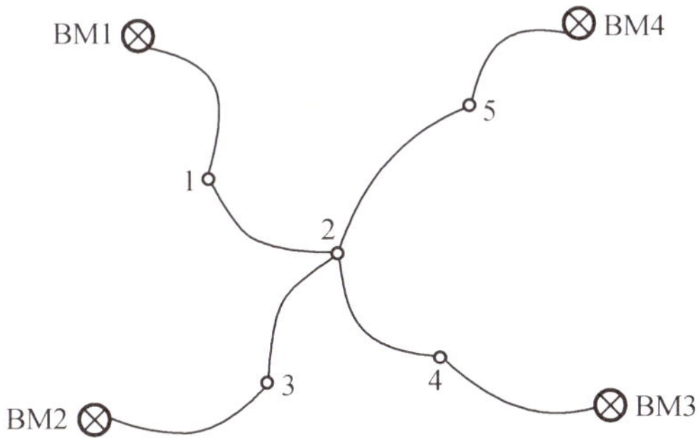

图 4.2.7　水准网

根据以上测量过程和数据，记录和计算可以按表4.2.1进行。

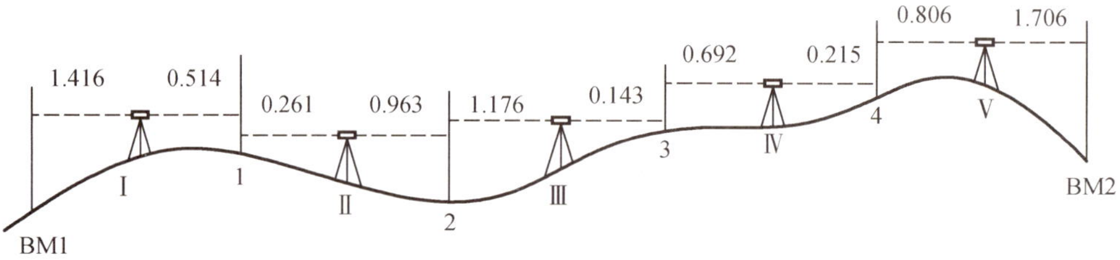

图 4.2.8　符合水准路线测量示意图(单位:m)

表 4.2.1　图 4.2.8 对应的水准测量计算表

仪器编号		观测		日期		
地点		记录		天气		
测站	测点	水准尺读数/m		视线高/m	点高程/m	备注
		后视	前视			
(1)	(2)	(3)	(4)	(5)	(6)	
Ⅰ	BM1	1.416	—	11.416	10.000	
	1	0.261	0.514			
Ⅱ				11.163	10.902	
	2	1.176	0.963			
Ⅲ				11.376	10.200	
	3	0.692	0.143			
Ⅳ				11.925	11.233	
	4	0.806	0.215			
Ⅴ				12.516	11.710	
	BM2	—	1.706		10.810	
Σ		4.351	3.541			
计算校核	高差 = Σ(1) - Σ(2) =4.351-3.541=0.810 m			实测高差 = $H_{BM2}-H_{BM1}$ =10.810-10.000 =0.810 m		
	闭合差=理论高差-实测高差=(10.815+10.000)-0.810=0.005 m					

表 4.2.1 中,两种方法计算的实测高差都等于 0.810 m,说明表格中所有的计算都是正确的。

虽然计算是正确的,但是并不能保证测量的结果就准确,因为所有测得的数据都是含有一定误差的,有的误差甚至会积累。

表中的闭合差就是为了检验测量产生的误差。闭合差是指水准点高差的理论值与实测值之差。因为测量过程中总存在误差，实测的闭合差一般不为零，只要闭合差不超过一定限值，就可以认为测量数据是正常的。

为了能够及时发现测量中的错误，保证测量的准确性，可以用变仪器高法或者双面尺法对每一测段测定两次，根据两次测量结果判断准确性，这需要对上面的数据记录表格进行适当修改。

另外，表4.2.1计算结果并没有进行误差的处理，各点高程仍然是含有误差的，测量结果还需要进行误差修正。由于水准测量的误差大小可以认为与测站数或各测段长度成正比，所以各点高程误差可以按这两种方法之一进行适当修正。

4.2.6　水准仪的检验和校正

为了保证测量精度，水准仪必须保持良好的状态，需要定期进行检验和矫正。水准仪有视准轴、水准管轴、仪器竖轴、十字丝等精度保证项目，在调校时应根据这些轴线的相互关系并按一定的检查顺序来进行。

水准仪的轴线应满足以下条件：

1. 圆水准器的检验校正

理论上，当圆水准器轴与仪器竖轴平行时，将仪器调平之后气泡会居于圆水准器中心，当水平旋转望远镜时气泡不会偏移。因此仪器调平之后，将仪器水平旋转180°，如果气泡有偏移就说明不满足圆水准器轴平行于仪器竖轴的条件，需要对圆水准器的安装精度进行调校，通过调整圆水准器下方的三个校正螺丝来实现。

2. 十字丝的检验校正

横丝应保证水平，这时横丝垂直于仪器竖轴。检验时将仪器设置好并严格整平，观察远处落于横丝上的目标，通过微动旋钮微微旋转视准轴，通过观察远处目标上下的变化可以发现十字丝的横丝装配误差，然后通过调整十字丝定位螺丝进行调校。

3. 水准管的检验校正

微倾式水准仪配备有水准管，水准管轴应当与视准轴平行。若不平行则存在一定的夹角 i，会产生 i 角误差，当前后视距相等时 i 角误差误差会自动消除。

i 角误差必须通过实际测量才能发现，测量出 i 角误差后通过调整水准管的固定螺丝来纠正。

【延伸阅读】

4.2.7　水准测量的误差来源

水准测量误差主要来自仪器系统误差、观测误差和外界环境条件影响。

1. 仪器系统误差

仪器系统误差包括水准尺误差，如水准尺制造误差、水准尺温度变化引起的长度变化、水准尺的磨损和各种变形，另外水准仪本身加工制造和组装也有一定误差，其中比较主要的就是仪器的 i 角误差。

2. 观测误差

观测误差是指观测过程中可能产生的误差，主要包括：

(1) 圆水准器和水准管居中误差

居中误差随着视距的增大而增大，理论研究表明，微倾式水准仪采用的复合水准器可以使气泡的居中精度提高一倍。测量时应尽量使气泡居中，并时刻注意水准器是否存在安装误差。

(2) 水准尺读数误差

水准尺读数误差与视距成正比，与放大倍率成反比，水准测量时观测点距离水准仪不能太远。

(3) 视差的影响

水准测量中视差对观测结果的影响较大，因此观测时必须反复调节目镜和物镜调焦旋钮，使水准尺成像在十字丝毛玻璃平面上。

(4) 水准尺的倾斜误差

水准仪观测水平视线，如果水准尺发生左右或前后倾斜，都会使度数增大。所以测量小组中的扶尺手，在司仪读数时应尽量保证水准尺垂直地面。为了尽量减少这种人为的主观误差，有的水准尺安装了圆水准器，读数时扶尺手将气泡居中即可。

3. 外界环境条件影响

准测量也会受到外界环境条件影响，比如：

(1) 尺垫下沉

尺垫下沉会造成水准尺下沉，从而度数偏大，造成意外误差。

(2) 水准仪产生位移

水准仪在测量过程中可能受到地面震动、风力影响或者是出现司仪操作过程中用力过大等造成意料之外的微小移动，测量过程中水准气泡的偏移说明水准仪产生了微小移动。水准仪产生意料之外的位移会使视准轴不水平。

(3) 地球曲率和大气折光的影响

水准测量采用的基准面是大地水准面，它本身是一个曲面，中心是地球球心；另外，水准仪的视准轴观测的视线，由于受大气折光的影响也是一条曲线。这样当观察距离较远时就会使水准尺的读数含有不可避免的误差。分析可知，如果使前后视距相等，在计算高差时由于后视、前视读数相减，可以将这种误差自动消除，因此，任何水准测量在可能的情况下都应尽量将前后视距近似相等。

【任务小结】

本任务主要介绍了水准测量的相关知识。

水准测量用于解决两点间高差测量问题，其原理是利用水平视线测得前后两点水准尺读数，求得两点的高差。水准测量使用水准仪，应根据测量精度要求选择合适精度的水准仪。水准测量大致包括安置、粗平、对光调焦、精准整平、读数等几个步骤，粗平时要掌握左手大拇指原则。水准测量的记录要有专用的表格，掌握表格的规范填写方法，以便计算和交流。

船舶工程中,水准测量可用于船台船坞的分段总段搭载的高度控制,也可用于其他车间和工厂需要控制水平和高度的情况。

学生应重点掌握水准测量的原理、水准仪的操作、水准测量结果的记录和数据处理、水准仪的检验方法等,避免在工作中出错。

【综合练习】

填空题	总结
1. 水准测量又称为__________测量,在工程测量领域应用很广泛。 2. 船舶工程中高程测量仪器主要是__________仪。 3. 水准测量要使用水准仪,配套工具为__________和__________。 4. 水准仪按设计原理可以分为水准气泡式和__________式。 5. 自动安平式水准仪的特点是设计了__________装置。 6. 高精度水准测量中可以使用__________水准仪。 7. 水准仪检验校正项目主要有________、________、__________。	
判断题	**总结**
1. 水准仪是船舶工程中常用的三维坐标测量仪器。(　　) 2. 圆水准器顶面的内表面是平面。(　　)3. 自动安平水准仪会配备管水准器。(　　) 4. 调整脚螺旋时,圆水准器气泡的移动方向一定会沿着左手大拇指的旋转方向。(　　) 5. 水准尺没有扶直不影响水准仪观测结果。(　　) 6. 十字丝没有调整清晰不影响测量精度。(　　) 7. 当闭合差在一定范围内时,水准测量的计算结果不必进行误差修正。(　　) 8. 采用闭合水准路线进行水准测量,主要是为了发现误差并调整。(　　) 9. 水准测量可以不进行闭合差的计算和调整。(　　)	

【实操训练】

1. 图 4.2.9 和表 4.2.2 中已知水准点 BM1 高程为 6.235 m,BM2 高程为 7.051 m,按符合水准路线从 BM1 向 BM2 方向进行测量,待测高程的点为 1、2、3、4,仪器的设站点为 Ⅰ、Ⅱ、Ⅲ、Ⅳ、Ⅴ,水准尺对应的读数标于水准尺旁边。将测量数据填入表 4.2.2 中正确位置,并计算点 1、2、3、4 的高程,要求进行误差处理。

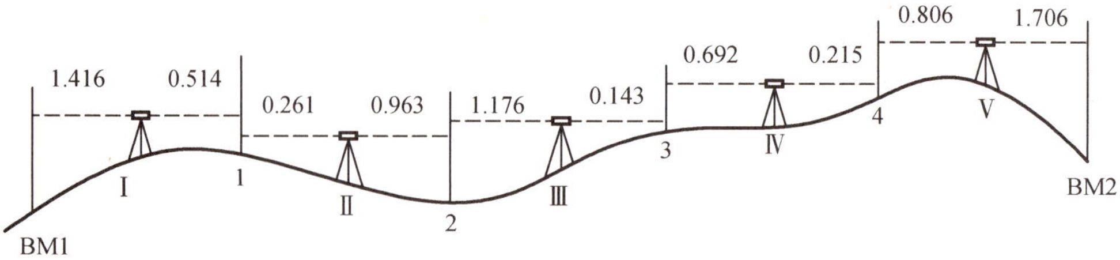

图 4.2.9　水准测量示意图(单位:m)

表 4.2.2　图 4.2.9 对应的水准测量计算表

仪器编号		观测		日期				
地点		记录		天气				
测站	测点	水准尺读数/m		高差/mm	高差调整值/mm	调整后高差/mm	点高程/m	备注
		后视	前视					
(1)	(2)	(3)	(4)	(5)			(6)	
			—					
		—						
Σ								
闭合差计算和分配								

任务4.3　角度测量与经纬仪

● 基本知识

4.3.1　工程中的角度测量

数学上表达点在空间的位置可以用柱坐标系、球坐标系、直角坐标系甚至曲线坐标系等表示,但在工程中确定点的位置大多采用直角坐标表示,它比地理坐标中使用的经纬度表达位置更为精确,因为经纬度其实是一个二维概念。

考虑到精度匹配问题,很多工程中会分别建立高程控制网和平面坐标控制网,高程控制网可以通过水准测量或 GPRS 测量建立,加密和应用时则一般为普通水准测量方法;平面控制网可以用 GPS 或普通三角测量方法建立,加密和应用时可以使用三角测量方法或直接测坐标法。

为了计算方便,一般将测量坐标系的 XOY 平面平行于大地水准面,也就是使坐标系的 Z 轴垂直于仪器所在位置的水平面,且 Z 轴向上,并需要规定高度基点。工程中 Z 坐标通常与高程控制系统一致,也就是说即便是三维工程测量,同一点的 Z 坐标值也应该与单独的高程控制网测得的 Z 坐标一致。

测量点的直角坐标时往往需要从基点出发,分别测量目标点的水平角与竖直角以及与基点的直线距离,然后根据距离和方位角计算目标点的坐标。为了降低计算难度,一般采用坐标正算的方法进行计算。

总之,常见的角度测量指水平角观测和竖直角观测,它是确定地面点位的基本测量工作之一。水平角的测量主要用于测定平面点位,也就是计算 x、y 坐标的需要,竖直角的测量主要用于测定高程或者将倾斜距离转化为水平距离。

角度测量最常用的仪器就是经纬仪。在船舶建造工艺中经纬仪并不常用,多用于放样车间、船台船坞精度控制,比如船舶主尺度测量也有使用经纬仪的工法。这里介绍测角的原理及经纬仪的使用,主要目的是使读者了解测量仪器的基本使用方法、相关的概念和计算理论,为后面学习全站仪的使用打下良好的基础。

4.3.2　角度测量原理

角度测量原理可以参考图 4.3.1 进行说明。

1. 水平角观测原理

将仪器放置于观测站,点 O 是仪器的镜头中心,分别观测空间点 A 和 B,点 A、B 和 O 不一定在同一水平面上,也不一定在同一竖直面上。

将三点分别向投影水平面 H 进行投影,顶点为 O'、A'、B',角 α 即为 AOB 形成的水平角，其大小通过计算观测点 B 和点 A 的经纬仪水平盘度读数之差得到，范围为 0°~360°。

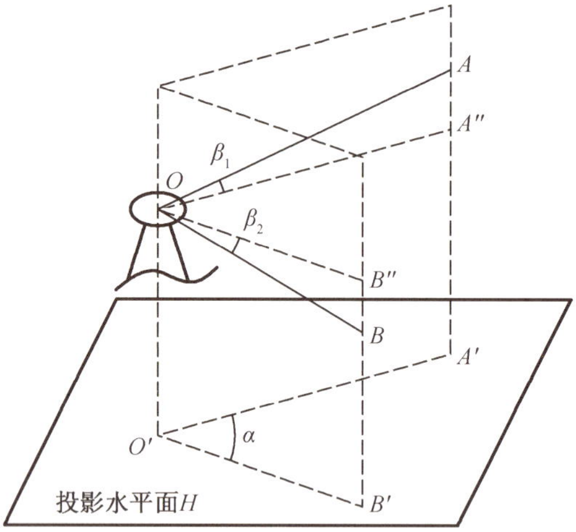

图 4.3.1　水平角和竖直角

2. 竖直角观测原理

观测的视线方向与同一铅垂面内水平线的夹角叫竖直角，因此每一个目标点都会对应一个竖直角，瞄准目标的视线方向在水平面之上称之为仰角，在水平面之下称之为俯角。

竖直角的范围在±90°之间。图中点 A 对应竖直角 β_1，点 B 对应竖直角 β_2。经纬仪整平之后相当于找到了水平面，因此瞄准目标点 A 后可以直接测量出竖直角 β_1，由于经纬仪竖盘注记形式有多种，也就是说望远镜水平时竖直度盘读数可能不是零度，比如有的经纬仪测量的是天顶距，所以竖盘读数不一定就是竖直角，需要经过计算。

4.3.3　经纬仪的分类和精度等级

经纬仪的种类很多，按读数原理可分为光学经纬仪和电子经纬仪两类。光学经纬仪利用几何光学原理将光线进行反射、折射，照准目标后将度盘投影并由人工进行度盘读数，其精度由度盘刻画和读数系统决定；电子经纬仪则利用光学器件、电子器件和光电转换原理，照准目标后液晶显示系统会直接显示度盘读数，既方便又准确，其精度由度盘刻划和光电识别精度确定。

有些电子经纬仪还具有更复杂的功能，比如陀螺经纬仪可以利用陀螺定向原理找到真北方向，因而可以迅速独立测定地面点方位。而激光经纬仪则增加了发射激光功能，还设计了电子对点器。

目前我国船舶建造工艺中主要使用光学经纬仪和电子经纬仪，比较复杂的测量则会使用具备测距功能的全站仪。

经纬仪也具有不同的精度等级，按精度从高到低可划分为 DJ07、DJ1、DJ2、DJ6、DJ15 等级别。其中 D、J 分别为“大地测量”和“经纬仪”的汉语拼音的首字母，1、2、6 分别为该经纬仪一测回平均方向观测中误差，表示该仪器所能达到的精度指标。

4.3.4　经纬仪的组成结构

各种等级和型号的经纬仪，其结构因厂家不同而有所差异，但是它们的基本构造和功能是类似的，下面以光学经纬仪为例说明经纬仪的结构及功能。

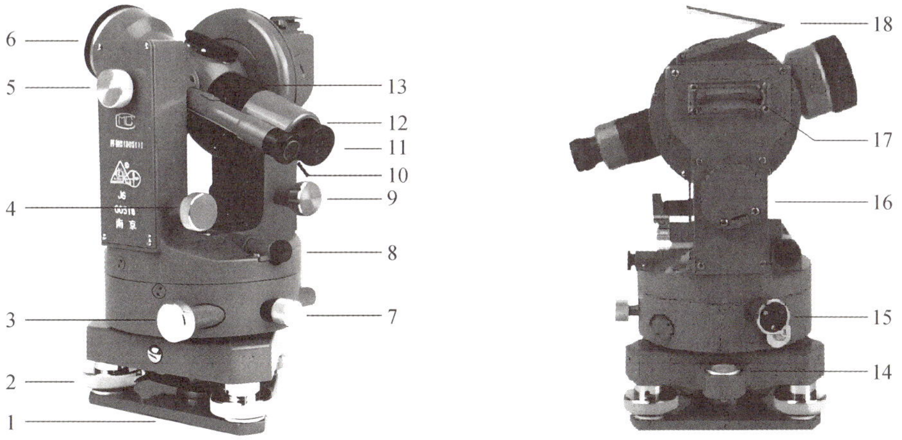

1—基座底板；2—脚螺旋；3—水平微动螺旋；4—望远镜微动螺旋；5—望远镜制动螺旋；
6—望远镜物镜；7—水平制动螺旋；8—光学对中器；9—竖盘水准管微动旋钮；10—读数显微镜；
11—望远镜目镜；12—目镜调焦环；13—望远镜调焦环；14—圆水准器；15—复测手轮；
16—度盘照明反光镜；17—竖盘水准管；18—竖盘水准管观察镜。

图 4.3.2　DJ6 光学经纬仪

光学经纬仪（图 4.3.2）由基座、照准部、度盘系统三大部分组成。

基座主要功能是连接照准部与三脚架，其构成与水准仪基座基本相同，由三角压板、底板、轴座、脚螺旋构成，由的水准仪基座上还有一个轴座固定旋钮，轴座连接旋钮拧紧后，可将仪器上部固定在基座上；使用仪器时，切勿松动该螺旋，以免照准部与基座分离而坠地。大部分经纬仪基座上还装有圆水准器，用来观察仪器整平状态。

照准部指仪器上部可水平转动的部分，其旋转轴称为竖轴，其结构相对比较复杂，一般包括以下几部分。

1. 支架

2. 横轴 *H*

横轴用于控制望远镜的俯仰转动，设置了望远镜制动旋钮和望远镜微动旋钮。

3. 竖轴 *V*

竖轴用于控制仪器的水平转动，设置了水平制动旋钮和水平微动旋钮。

4. 对中器

经纬仪需要设置到角的顶点，设计对中器的目的就是指示仪器中心。光学经纬仪一般配置光学对中器，电子经纬仪会配置激光对中器。可以使用垂球代替对中器。

5. 平盘水准管

平盘水准管即管水准器，用于精确表征仪器的水平状态，通过调整脚螺旋使水准管在两个互相垂直的方向上精确居中，就可以达到调整仪器精确水平的目的。

6. 望远镜

经纬仪的望远镜具有较高的放大倍数，因此可以观测较远的距离。其基本结构包括物镜及物镜调焦环、目镜及可以调节清晰度的十字丝。

7. 度盘读数系统

度盘读数系统包括玻璃的水平度盘和竖直度盘、棱镜组和透镜组形成的光路系统、度盘照明系统、度盘读数显微镜及调焦旋钮。

具有复测功能的复测经纬仪则设计了复测器，水平度盘与照准部之间的连接由复测器控制。复测器扳手往上扳为正常测量模式，望远镜水平转动时水平度盘读数会随着转动发生改变；当需要设置特定角度进行复测时，复测器扳手往下扳，这时望远镜转动时水平度盘读数不会发生改变。

激光电子经纬仪说明书

精度较高的光学经纬仪光路系统比较复杂，比如 DJ2 级光学经纬仪还设计了度盘换像轮，这是因为其读数显微镜只能单独显示水平度盘或竖直度盘的读数，另外读数系统采用对径复合原理，设计了度盘测微轮。

测量时，将经纬仪安置在三脚架上，用垂球或光学对点器将仪器中心对准地面测站点，通过调整三脚架和脚螺旋将仪器精确整平并对中，用望远镜瞄准测量目标，用水平度盘和竖直度盘测定水平角和竖直角。

4.3.5 经纬仪的操作

经纬仪的操作一般按以下步骤进行。

1. 安置经纬仪

安置经纬仪需要同时对中和整平。

(1) 对中

对中的目的是要把仪器的纵轴安置到测站的铅垂线上，否则会产生对中误差，影响夹角的测量结果。

具体做法是：张开三脚架，取出经纬仪，固定到三脚架头上；调整三角架落地位置，同时调整光学对中器或激光对中器对准测站点，尽量使测站点大致处于三个脚尖形成的三角形中心，这时候经纬仪基座不水平。观察圆水准器，调整三脚架的长度，使经纬仪大致水平。

(2) 整平

整平的目的是使经纬仪的纵轴铅垂，从而使水平度盘和横轴处于水平位置，垂直度盘位于铅垂平面内。

观察圆水准器，调整三脚架的长度，使经纬仪大致水平；然后观察管水准器，调整基座上管水准器两端的两个脚螺旋，使照准部水准管气泡居中；将经纬仪照准部水平旋转 90°，观察管水准器，调整基座上第三个脚螺旋，使照准部水准管气泡居中；这样反复旋转照准部和调整脚螺旋，使经纬仪在相互垂直的两个方向上的气泡都严格居中。

如果经纬仪对中发生偏移，可以拧松固定螺旋，将经纬仪在三脚架平台上平移使仪器对中，拧紧固定螺旋，然后再进行精确调平；如此往复，确保仪器同时处于对中和整平状态。

2. 瞄准目标点

用望远镜瞄准目标的方法和步骤如下。

(1) 目镜调焦

将望远镜对向明亮的背景，转动目镜调焦螺旋，使十字丝最清晰。

(2) 粗瞄目标

松开望远镜制动螺旋和水平制动螺旋，通过望远镜上的瞄准器，旋转望远镜，对准目标，然后拧紧制动螺旋。

(3) 物镜调焦

转动物镜调焦环，使目标的像十分清晰，再旋转望远镜微动螺旋和水平微动螺旋，使目标像靠近十字丝。

(4) 消除视差

左、右或上、下微移眼睛，观察目标像与十字丝之间是否有相对移动，如存在视差，则需要重新进行物镜调焦，直至消除视差为止。

(5) 精确瞄准

用水平微动螺旋，使十字丝纵丝对准目标。

(6) 读数

光学经纬仪的水平度盘和竖直度盘分划线，通过一系列棱镜和透镜成像于望远镜旁的读数显微镜内，观测者通过读数显微镜读取度盘上的读数。

各种光学经纬仪因读数系统不同，读数方法也不一样。DJ6 级光学经纬仪一般有测微尺读数系统和单平板玻璃测微器读数系统两种。

水平角的角值为水平度盘上两个方向的读数之差，竖直角是目标方向与水平方向的读数之差。由于一些经纬仪实际测量的是天顶距，而且经纬仪在盘左、盘右正倒镜的竖盘读数并不相同，所以测量竖直角时不但要记录竖盘读数，而且必须注意水平方向的竖盘读数，分析是否存在竖盘指标差。

4.3.6　角度测量的实施和数据处理

角度测量包括水平角的测量和竖直角的测量，由于测量过程比较复杂、耗时较多，因此测量的数据必须进行及时记录。为了规范记录格式，防止出现人为错误，一般会设计专用的记录表格，而且数据的处理也必须遵循一定的方法和要求。

水平角观测方法常用的有测回法和方向观测法。下面以水平角测回法的观测、记录和计算为例说明角度测量的数据处理过程。

如图 4.3.4 所示，$\angle A'OB'$就是需要测量的水平角 α，采用测回法测量的过程如下。

(1) 先将仪器在测站处对中、整平，此时经纬仪的中心为点 O，它是仪器横轴、竖轴的交点。

(2) 将经纬仪设置在盘左状态（即将竖直度盘处于望远镜观测方向的左侧），这个状态又称为正镜测量。

(3) 先观测所求水平角 α 左侧方向的目标点（图中应该为点 A），按照操作要求精确瞄准目标,用制动旋钮锁定仪器,使视线不会发生水平偏移,然后读出水平度盘读数 $\beta_{左}$,记入记录表格指定位置。

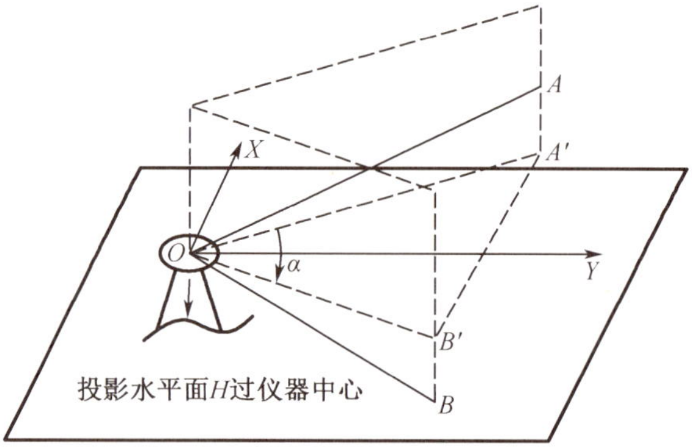

图 4.3.4　水平角测量示意图

(4)按同样的方法观测水平角 α 右侧方向的目标点(图中应该为点 B),读出水平度盘读数 $\gamma_{左}$,记入记录表格特定位置。

A、B 两点角度观测完毕,就完成了上半个测回的测量,则上半测回(即盘左)水平角的大小为

$$\alpha_{上}=\gamma_{左}-\beta_{左}$$

(5)将望远镜上下翻转 180°,使仪器处于盘右状态。

(6)盘右位置观测目标点 B,读出水平度盘读数 $\gamma_{右}$。

(7)盘右位置观测目标点 A,读出水平度盘读数 $\beta_{右}$。

此时完成了下半个测回的测量,则下半测回(即盘右)水平角的大小为

$$\alpha_{下}=\gamma_{右}-\beta_{右}$$

水平角 α 为该角上半测回、下半测回的测量值的平均值,即

$$\alpha=(\alpha_{上}+\alpha_{下})/2$$

数据的记录和计算可参考表 4.3.1。

表 4.3.1　测回法水平角观测记录

测站点	测点	竖盘位置	水平度盘读数			半侧回值			一测回平均值		
			°	′	″	°	′	″	°	′	″
O	A	盘左	15	02	36	65	09	12	65	09	21
	B		80	11	48						
	B	盘右	195	02	25	65	09	30			
	A		260	11	55						
⋮	⋮	⋮	⋮	⋮	⋮	⋮	⋮	⋮	⋮	⋮	⋮

根据精度的需要，水平角的观测可能需要多个测回。

如果目标点较多而且可以在一个测站上完成观测，采用方向观测法比较方便，数据的记录和计算稍有不同，方向观测法又称为全圆测回法。

竖直角的观测与水平角的观测稍有不同，由于水平角是两个方向的夹角所以需要观测两个目标；而竖直角测量的特点是每个目标点都会对应一个竖直角。观测一个目标点的竖直角可按以下步骤进行。

(1)将经纬仪安置在测站上，对中、整平；盘左瞄准目标，固定望远镜和照准部，用望远镜微动螺旋，使十字丝精确对准目标点，由于测量的是竖直角，所以十字丝横丝对准目标，上下位置一定要精确。

(2)旋转指标水准管微动螺旋，使气泡居中，再查看下十字丝横丝的对准，确认后读数并记入记录表中。

(3)盘右照准目标点，以同样的方法读数并记录。

(4)计算得到竖直角。

竖直角观测记录可以参考表4.3.2。

表4.3.2　竖直角观测记录

测站点	测点	竖盘位置	竖盘读数			半侧回竖直角			两倍竖盘指标差 $2c$	一测回平均值		
			°	′	″	°	′	″	″		′	″
O	A	盘左	66	25	42	23	34	18	−12	23	34	24
		盘右	293	34	30	23	34	30				
	B	盘左	72	43	18	17	16	42	−10	17	16	47
		盘右	287	16	52	17	16	52				
⋮	⋮	⋮	⋮	⋮	⋮	⋮	⋮	⋮	⋮	⋮	⋮	⋮

上表中的两倍指标差就是指指标差的两倍，一般用 $2c$ 表示。同一台经纬仪在同一时间段内观测竖直角的指标差应该为定值，但是不同的测回之间可能稍有变化，如果指标差变化较大则要查找误差产生的原因。

【延伸阅读】

4.3.7　经纬仪的检验校正

经纬仪检验和校正的项目较多，但通常只进行主要轴线间几何关系的检校。

经纬仪的主要轴线有照准部水准管轴 L—L、仪器的旋转轴（即竖轴）V—V、望远镜视准轴 C—C、望远镜的旋转轴（即横轴）H—H。

各轴线之间应满足的几何条件有：

(1)照准部水准管轴应垂直于仪器竖轴,即 $L—L \perp V—V$;

(2)望远镜十字丝竖丝应垂直于仪器横轴 $H—H$;

(3)望远镜视准轴应垂直于仪器横轴,即 $C—C \perp H—H$;

(4)仪器横轴应垂直于仪器竖轴,即 $H—H \perp V—V$。

另外,经纬仪还可能存在竖盘指标差,光学对点器的光轴与仪器竖轴也应该重合。

仪器在出厂时一般都经过调校,以上各条件一般都能满足。但由于在搬运或长期使用过程中的振动、碰撞等原因,以上条件可能不满足从而产生过大的误差,因此必须对仪器进行定期检验与校正。检验与校正的项目主要有以下几种。

1. 圆水准器的检验与校正

圆水准器的检验与校正与水准仪圆水准器检验与校正方法相同。

2. 水准管轴的检验与校正

水准管轴应垂直于竖轴。

将仪器粗略整平,然后转动照准部使水准管平行于任意两个脚螺旋连线方向,调节这两个脚螺旋使水准管气泡居中;再将仪器旋转 180°,如果气泡仍然居中,表明条件满足,否则需要校正。

该项检验校正的原理与水准仪圆水准器相同。转动脚螺旋使气泡退回偏离中心位置的一半,再用校正针调节水准管一端的校正螺钉,注意先放松一个,再旋紧另一个,使气泡居中。此项检校比较精细,需反复进行,直至仪器旋转到任意方向,气泡仍然居中,或偏离不超过一个分划格。

3. 十字丝竖丝的检验与校正

十字丝的竖丝应垂直于横轴。

用十字丝竖丝的上端或下端精确对准远处一明显的目标点,固定水平制动螺旋和望远镜制动螺旋,用望远镜微动螺旋使望远镜做微小俯仰,如果目标点始终在竖丝上移动,说明条件满足;否则需要校正。

校正时,卸下目镜处的十字丝环罩,微微旋松十字丝环的四个固定螺钉,转动十字丝环,直至望远镜上下俯仰时竖丝与点状目标始终重合为止。最后拧紧各固定螺钉,并旋上护盖。

4. 视准轴误差

视准轴应垂直于横轴。

如果是视准轴不垂直于横轴,则望远镜绕横轴旋转时形成的视准面不是一个平面,而是一个圆锥面。此时视准轴偏离垂直位置的角度称为视准轴误差 c,调整视准轴误差是通过调整十字丝中心在视野中的左右位置实现的。

对于双指标读数的经纬仪,采用对径分划符合读数原理,可以有效消除度盘偏心差的影响;对于单指标读数的经纬仪,读数中不可避免包含度盘偏心误差,因此在工程中进行点位放样时经常采用盘左盘右分中法进行定点。

视准轴误差,一般可以采用盘左盘用右瞄点法或者 1/4 法来进行调校。

校正时先取下十字丝环的保护罩,通过调节十字丝环的校正螺钉使十字丝中心平移到正确位置,反复检校,直至误差满足要求为止。

5. 横轴误差

横轴应垂直竖轴。横轴不垂直竖轴，则偏离正确位置的角度 i 称为横轴误差。如果仪器存在横轴误差，固定水平度盘、上下旋转望远镜时，视准面不会形成一个竖直面而会形成一个倾斜面。

现代光学经纬仪的制造工艺能长期确保横轴与竖轴垂直，而且将横轴密封起来了，调校时需要拆卸外壳，故使用仪器时一般对此项目只进行检验，如需校正一般需由仪器修理人员进行。

6. 竖盘指标差的检验与校正

当同时满足望远镜视准轴水平及竖轴铅垂两个条件时，垂直度盘的 90°或 270°刻线刚好与指标线重合，此时经纬仪的读数应为 90°或 270°。当有一个条件不满足时便产生了误差，这个误差就是竖盘指标差。

竖盘指标差是仪器制造、安装精度问题，因此是不可避免的，只能设法减少，所以有的经纬仪设计了竖盘指标差补偿器以尽量补偿这种误差；全站仪的设计精度较高，都会设计竖盘指标零点自动补偿机构，比如全站仪的双轴补偿器。

竖盘指标差是体现经纬仪测量准确度的一个极其重要的技术指标，它直接影响到经纬仪垂直角的测量精度，误差较大时仪器甚至不能正常使用。

竖盘指标差的大小通过盘左、盘右测量同一点的竖直角来计算；校正时，用盘右位置照准原目标，调节竖盘指标水准管微动螺旋，使竖盘读数对准调整后的正确读数，此时竖盘指标水准管气泡不居中，调节竖盘指标水准管校正螺钉使气泡居中；反复检校，直至指标差在规定范围以内为止。

7. 光学对中器的检验与校正

光学对中器的视准轴也应当与经纬仪的纵轴重合，否则会产生对中误差，影响测角精度。

检验方法：将经纬仪精确对中、整平，照准部水平旋转 180°，观察对中是否有偏差，如果存在偏差说明对中器需要校正。对中器也有对应的校正螺丝，松开校正螺丝，将对中器调整到正确位置紧固即可。

4.3.8　角度测量的误差来源

使用经纬仪进行角度测量，人为操作原因或经纬仪安装调校不精确会导致一定的测量误差。误差来源主要有以下几个方面。

1. 经纬仪对中误差

经纬仪对中器有误差或者人为造成的对中误差。仪器中心与测点的水平位置偏差称为偏心距，研究表明，对中误差的影响与偏心距成正比，与角度两边的边长成反比，而且与测量的水平角大小也有关系，水平角接近 180°时对中误差影响最大。

2. 目标偏心误差

目标偏心误差市值没有精确瞄准目标造成的侧角误差。研究表明，目标偏心误差与边长成反比，所以当目标较近时更应该精确瞄准目标。

3. 经纬仪照准部偏心差

通过盘左、盘右观测目标求平均值,可以消除偏心差的影响。

4. 经纬仪轴线误差

在上述仪器的检验校正中所提到的检验项目,大都属于经纬轴系误差,应定期对经纬仪进行检验校正,保持其良好的精度状态。

误差的其他来源还包括人为读数误差和外界环境条件影响造成的误差等。

【任务小结】

本小节主要介绍了角度测量及经纬仪的使用。

点的位置可以用坐标来表示。计算点的坐标需要测量各测量点连接形成的边长以及各方向之间的角度关系。测量距离可以用钢尺,测量角度一般要使用经纬仪。经纬仪可以测量水平角和竖直角,测量角度有测回法和方向观测法。经纬仪有不同的精度,虽然一台经纬仪的精度是固定的,但是通过多个测回测量可以在一定程度上提高精度。

使用经纬仪进行角度测量也会产生一定误差,误差可能是人为造成的,也可能是仪器加工装配产生的,测量过程中的环境因素也要考虑。为了保证经纬仪良好的使用状态,一般要求对经纬仪进行定期检验。

学生应重点掌握角度测量的原理、经纬仪的操作、角度测量结果的记录表格和数据计算,还要掌握经纬仪误差的检查方法,以便实时掌握经纬仪的精度状态,避免使用状态不良的经纬仪进行测量造成工作失误。

【综合练习】

填空题	总结
1. 角度测量最常用的仪器是__________仪。 2. 水平角的范围在__________之间。 3. 水准测量要使用水准仪,配套工具为__________和__________。 4. 水准仪按设计原理可以分为水准气泡式和__________式。 5. 掌握经纬仪的检验和校正方法的目的是实时掌握经纬仪的精度状态,避免__________。	
判断题	**总结**
1. 水平角的测量主要用于测定平面点位,也就是计算 x、y 坐标的需要,竖直角的测量主要用于测定高程或者将倾斜距离转化为水平距离。(　　) 2. 观测的视线方向与同一铅垂面内水平线的夹角叫水平角(　　) 3. 经纬仪会配备管水准器。(　　) 4. 调整经纬仪脚螺旋时,圆水准器气泡的移动方向一定会沿着左手大拇指的旋转方向。(　　)	

（续）

判断题	总结
5. 竖直角的范围在 0°～360°之间。（　　） 6. 对于经纬仪，对准目标后经纬仪的竖直度盘读数就是竖直角。（　　） 7. 整平的目的是使经纬仪的纵轴铅垂，从而使水平度盘和横轴处于水平位置。（　　） 8. 视准轴应垂直于横轴。（　　）	

【实操训练】

在室外宽敞平整的场地上布置 4 个点，形成一个四边形，边长为 30～50 m，用经纬仪测出四边形 4 个角的水平角大小，测量结果记入表 4.3.3 并计算。

表 4.3.3　水平角观测记录

测站点	测点	竖盘位置	水平度盘读数			半侧回值			一测回平均值		
			°	′	″	°	′	″	°	′	″

任务4.4　平面控制测量

● 基本知识

点的空间位置可以用点的坐标来表示。理论上，坐标测量可以从一个已知原点开始，测量下一个点的坐标，然后每一次测量和计算都将前点作为新的起点，完成测定后一个点的坐标，这样逐点进行，总是可以完成测定所有点的坐标。

但是所有的测量工作必须保证指定的精度，上述的点坐标的测量方法的一个明显缺点，就是测角误差和测距误差逐步积累，以致最终无法达到工程要求。

为了解决精度问题，保证测量工作的精度和效率，一般可以先在工程场地范围内布置稀疏的控制点，并确保控制点坐标的测量精度达到较高等级，在需要的时候可以利用这些控制点作为基准点进行后续的测量工作，虽然后续的测量工作可能精度会降低，但通过合适的精度设计可以确保后续工作仍然能够达到要求的精度。

对这些稀疏的控制点进行坐标测量的工作就叫控制测量。这种先测量控制点、再进行细部测量的方法就是工程测量中最常用的精度控制方法，遵循"从整体到局部""先控制后碎部"的测量原则。

实际上，控制测量分为平面控制测量和高程控制测量，平面控制测量确定控制点的平面位置(x,y)，高程控制测量确定控制点的高程(H)。

4.4.1　平面控制测量

平面控制测量用于确定控制点的平面位置坐标(x,y)。

平面控制测量方法常用的有三角测量、边角测量和导线测量等，所建立的控制网为三角网、边角网和导线网。三角网是将控制点组成连续的平面三角形，观测所有三角形的水平内角，并以至少一条三角的边长作为基线，其余各边的长度均从基线开始按边角关系进行推算，然后计算各点的坐标。

同时观测三角形内角、全部或若干边长的称为边角网。

也可以将相邻控制点连成折线，测定边长和测定相邻折线间水平角以计算控制点坐标，这种称为导线网；如果各点连线形成一个封闭的多边形，这种导线网称之为闭合导线。

在全国范围内布设的平面控制网，称为国家平面控制网。国家平面控制网采用逐级控制、分级布设的原则，分一、二、三、四等三角测量和精密导线测量。国家平面控制网主要由三角测量方法布设，在我国西部地区采用精密导线测量方法布设。

我国原有的国家平面控制网首先是一等天文大地锁网，在全国范围内大致沿经线和纬线方向布设，形成间距约 200 km 的格网，三角形的平均边长约 20 km，在格网中部用平均边长约 13 km 的二等全面网填充。

一等二等三角网构成全国的全面控制网，然后用平均边长约为8 km的三等网和边长为2~7 km的四等网逐步加密，主要为满足测绘全国性的1:10000~1:5000地形图的需要。

随着测量技术的发展和测量设备的更新换代，现在全国各等级平面控制网都采用了全球导航卫星定位系统GNSS来进行测量和控制。

在工程范围较小时，也可以建立范围较小的局部控制网，比如造船企业在船台或船坞工作场地范围内可以建立三维坐标控制网，以指导分段搭载等精度控制工作，这就是数字化船坞的本质。

4.4.2　基本概念和基本计算

平面控制网的各控制点测量前必须首先定义坐标系。可以先确定网中两个已知点的坐标，或者先确定第1点的坐标和1、2点连线形成的基线的方位角，也可以通过与该地区已有的国家控制网或城市控制网进行联测，以取得起算数据。总之，"一点坐标、一边方位角"或"两点坐标"是平面控制网必要的"起算数据"。

1. 坐标系的建立

如果点的坐标需要与国家控制网中一致，必然使用国家统一的坐标系，要求布设控制网时需要与国家控制网联网联测。一般大型基建工程都需要与国家控制网一致，我国国家控制网的大地原点位于陕西省咸阳市泾阳县永乐镇北流村。

不需要联网的小地区控制网可以自由定义坐标原点。但无论怎么建立坐标系，建立的坐标系都必须是左手坐标系，这样才能和常见的水准仪、经纬仪、全站仪等测量设备的读数系统相统一，也就是说方向顺时针水平旋转的时候水平度盘度数会增加。

2. 坐标轴的方向

绝大部分工程中习惯上将真北方向定义为x轴的正向，向东定义为y轴的正向，是一种左手坐标系。

自建坐标系时，x轴的正向可以根据地形随意确定，比如数字化船坞建立的坐标系x轴，就可以与船体坐标系x轴一致，也就是从船尾向船首方向定义为x轴，与中心线槽钢重合，而不必一定指向正北。

另外需要注意，大部分造船企业在生产工艺中建立的数字化船舶模型大都采用的是右手坐标系，数字化船坞建立的坐标系也是右手坐标系，尤其要注意y轴的方向。因此在使用仪器时要结合船舶专业测量软件，应在仪器设置里面设置为右手坐标系，或者在软件编程算法里面进行坐标系自动调整。

3. 坐标方位角

在平面直角坐标系中，将过坐标系中任一点且平行于x轴的方向作为起始方向，在平面上顺时针旋转到视线方向的水平角称为坐标方位角，其大小在0°~360°之间。

图4.4.1为方位角示意图，图中O、A、B、B'都在xoy平面内。在实际的测量中，总是将仪器放置在某个点（如图中的点A），观测另一个目标点（如图中的点B）。因为观测方向是一个向量的概念，方位角其实就是x轴的正向与观测方向的夹角（如图中角α），可以记为α_{AB}。

按照方位角的定义，显然 BA 的方位角 α_{BA} 与 AB 的方位角差 180°，即 $\alpha_{BA}=\alpha_{AB}\pm180°$。

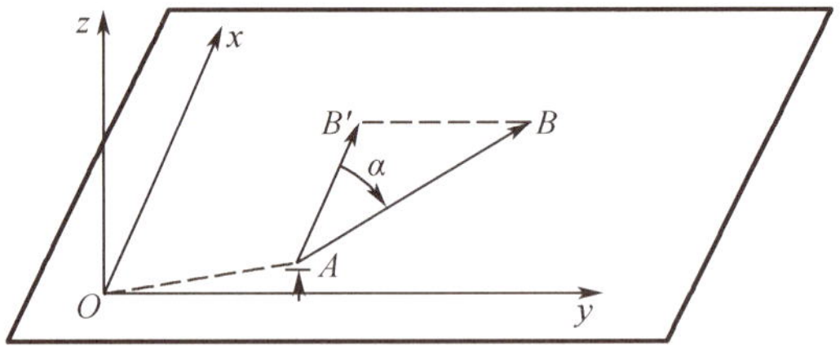

图 4.4.1　方位角示意图

4. 坐标增量

后点坐标相对于前点坐标的变化称为坐标增量，因此有

x 坐标增量　　　　$\Delta x_{AB}=x_B-x_A=d\cdot\cos\alpha_{AB}$

y 坐标增量　　　　$\Delta y_{AB}=y_B-y_A=d\cdot\sin\alpha_{AB}$

5. 坐标正算

根据坐标增量的定义，只要前点坐标已知，再测量出两点距离和方位角，就可以用上述公式计算后点坐标，这个计算过程称为坐标正算，即

$$x_B=x_A+\Delta x_{AB}=x_A+d\cdot\cos\alpha_{AB}$$

$$y_B=y_A+\Delta y_{AB}=y_A+d\cdot\sin\alpha_{AB}$$

6. 坐标反算

在图 4.4.1 中，根据坐标正算公式计算点 B 的坐标需要 AB 的方位角 α_{AB}，那么它是怎么得到的呢？工程中它可以直接测得或通过间接的计算得到，主要有以下几种方法：

(1)将经纬仪在点 A 设站，先瞄准点 O 并将水平度盘读数设置为 AO 的方位角，然后观测点 B 时水平度盘读数就是 AB 的方位角 α_{AB}。实际上，此时观测其他任何目标点，水平度盘的读数都是该点的方位角。

(2)将经纬仪在点 A 设站，然后测量出 $\angle OAB$，并通过点 A 和点 O 的坐标计算出 AO 的方位角 α_{AO}，则可按下面公式计算 AB 的方位角 α_{AB}：

$$\alpha_{AB}=\alpha_{AO}+\angle OAB$$

计算的结果如果不在 0°~360°范围内，可以通过加减 360°进行处理。

在上述方位角的推算中，需要通过点 A 和点 O 的坐标计算 AO 的方位角 α_{AO}，这种根据两点坐标推算方位角的过程就叫坐标反算。这实际上是直角坐标转化为极坐标的过程，按数学方法计算即可。

4.4.3　闭合导线计算一例

闭合导线是导线控制网的一种形式，导线网还有支导线、附合导线等形式。导线测量的外业工作包括踏勘选点、转折角测量、导线边长测量等工作，其中距离测量和角度测量要有专用记录表格和记录本进行数据处理。

由于测量数据中含有角度误差和距离误差，所以测量结果还必须根据误差的特点进行误差处理，经过误差处理后的数据才能够计算控制点坐标。

下面用一个计算例题作为说明。

如图4.4.2所示，某闭合导线布置成五边形封闭图形，各内角和各边长测量结果已标于图中。其中确定坐标系 x 轴正向为向上，规定点 A 坐标为(100,100)并作为计算起点，又测得起算边 AB 的连接角为96°51′36″。

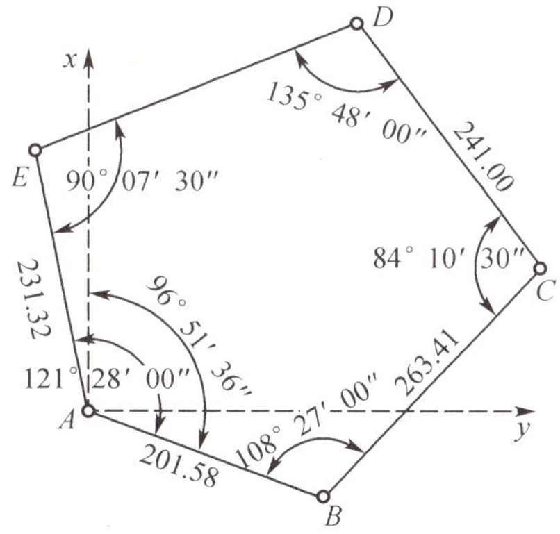

图4.4.2　闭合导线计算

计算过程按逆时针方向进行，并按以下步骤进行。

第一步 检验测角误差。

对于闭合导线网来说，其封闭多边形的内角和有一理论值 $\sum\beta_0$，设内角和的实测值为 $\sum\beta_1$，定义角度闭合差 $f_\beta=\sum\beta_{测}-\sum\beta_{理}$。

本例为五边形控制网，内角和应为540°。测得的5个内角相加，总和为540°01′00″，角度闭合差为+01′，即60″。

第二步 计算各边坐标方位角。

纠正后的各角值和 AB 边的连接角，计算各边坐标方位角，为下一步坐标增量计算做准备。

第三步 检验坐标增量闭合差。

根据角度测量值和边长测量值可以重新推算点 A 坐标，这个点记为 A'，理论上 A' 与 A 应重合，也就是说二者的坐标增量 $\Delta x_{AA'}$、$\Delta y_{AA'}$ 应为0。由于角度误差已经处理，可以认为不重合是边长测量误差造成的，反映在坐标增量上就是坐标增量不为0。

本例中 $\Delta x_{AA'}$ 为+0.25 m，$\Delta y_{AA'}$ 为-0.22 m。

第四步 坐标增量闭合差的分配。

坐标增量闭合差必须进行处理，否则各控制点坐标会有误差。

虽然角度闭合差的分配原则是按照内角的数量平均分配，但坐标增量闭合差的分配并不是按边长的数量平均分配，实际上它是根据边长的大小分配的。这是因为边长测量误差与长度成正比，越长的边产生的误差越多，分配的误差也越多。

坐标增量闭合差分配之后，经检验坐标增量总和为0即说明计算无误。

第五步 完成控制点坐标计算。

本例的坐标计算过程可参考表4.4.1。

表 4.4.1　导线坐标计算表

点号	折角		方位角 α	边长	增量计算值		改正后增量		点的坐标	
	观测角	改正后角值			$\pm\Delta x$	$\pm\Delta y$	$\pm\Delta x$	$\pm\Delta y$	x	y
	°′″	°′″	°′″	m	m	m	m	m	m	m
A	(−12) 121 28 00	121 27 48							100.00	100.00
			96 51 36	201.58	(−0.04) −24.08	(+0.04) +200.14	−24.12	+200.18		
B	(−12) 108 27 00	108 26 48							75.88	300.18
			25 18 24	263.41	(−0.06) +238.13	(+0.05) +112.60	+238.07	+112.65		
C	(−12) 84 10 30	84 10 18							313.95	412.83
			289 28 42	241.00	(−0.06) +80.36	(+0.05) −227.21	+80.30	−227.16		
D	(−12) 135 48 00	135 47 48							394.25	185.67
			245 16 30	200.44	(−0.04) −83.84	(+0.04) −182.06	−83.88	−182.02		
E	(−12) 90 07 30	90 07 18							310.37	3.65
			155 23 48	231.32	(−0.05) −210.32	(+0.04) +96.31	−210.37	+96.35		
A		(121 27 48)							100.00	100.00
Σ	540 01 00	540 00 00	96 51 36	1137.75	+0.25	−0.22	0	0		
备注	Σ540 01 00 Σ540 00 00 f_β + 01′00″ $f_{\beta允} = \pm 60\sqrt{5} = \pm 2'14''$ $f_\beta < \lvert f_{\beta允} \rvert$		$\sum D$ = 1 137.75		$f_x = +0.25$ $f_y = -0.22$ $f = \pm\sqrt{f_x^2 + f_x^2}$ $= \pm 0.33$ $K = \frac{\lvert f \rvert}{\sum D} = \frac{1}{3\,448}$		$\sum \Delta x = 0$ $\sum \Delta x = 0$ $K_{允} = \frac{1}{2\,000}$		坐标增量改正数按边长分配	

表中，$K = \frac{|f|}{\sum D} = \frac{1}{3\,448}$ 为闭合差调整系数。

【延伸阅读】

4.4.4　数字化船坞

数字化船坞是船坞搭载工艺中一种新的精度控制理论。它的实现原理是，先将船舶工程各系统进行数字化，建立三维数据模型；然后在船舶搭载现场（如船坞内）建立包括船坞及周围控制区域的三维坐标控制系统，建立的三维坐标系代替传统的船坞格子线，通过将船舶三维模型坐标数据与现场搭载船舶分段坐标数据相统一，实现搭载过程的精度控制。

数字化船坞需要在船坞内布设控制网。一般需要在船坞四周埋设可旋转的靶标（也称回转仪）作为控制点，精确测定其坐标以便利用，当坞较浅、所造船较大时，还需在坞外树立标杆。

为了提高效率，数字化船坞的布设一般都使用全站仪，采用高精度测量方法来实现；造船企业在应用数字化船坞时一般也会采用全站仪，根据工艺的要求，有时需要采用多台全站仪联网联测。

由于坞内船舶搭载工艺中精度控制点很多,为了提高测量精度和效率,大多采用专用的船舶测量软件进行数据采集,而数据处理也需要配套的计算机软件,为方便工作现场数据后处理,还研发了手持 PDA 数据后处理软件系统。

分段搭载的精度控制一般按以下步骤进行:

1. 布设控制网

在船坞内的合适位置布设网格状三维控制网,埋设旋转靶标。

2. 基准分段按精度就位

基准分段上选取足量管理点作为重点控制点,基准分段吊运定位时通过全站仪测量管理点,协助基准段的就位。

由于坞内布置了控制网,假设吊装过程中基础分段没有变形,因此只需要控制基准分段上的少数点就位就能够做到基础分段就位。

3. 其他分段的搭载

基准分段定位后,对基准分段两端进行精度检查和控制,确定基准分段对接各点坐标。

对搭载分段进行精度检查和控制,确保对接端的各点坐标处于精度范围内。

将搭载分段在船坞内进行吊装,与基准分段对接,依据布设的数字化船坞用全站仪控制对接分段的水平度、垂直度等各参数,进而协助调整吊运分段姿态,完成分段搭载定位过程。

数字化船坞可以实现精确定位,所以还有许多它的应用场合。如当两船串造或并造时,若一船下水,则另一条没有完工的船要重新定位到水下墩位上,数字化船坞控制网可以控制准确搁墩。

建立数字化船坞的好处是,现场测量的高效、便捷,数据处理的准确、及时,均能为分段搭载节约宝贵时间。

根据数字化船坞的原理,有船台设施的造船企业也可以布置数字化船台,满足现代船舶建造工艺精度控制的要求。

【任务小结】

本小节主要介绍了控制网的布设、测量和数据处理的相关知识。

为减少工作量,工程中的精度控制一般分等级进行,大多数工程中对平面坐标和高程分别建立控制网。控制网布设遵循“从整体到局部”“先控制后碎步”的基本原则。平面控制网常用的有三角网、边角网和导线网等。

控制测量的最终目标是导线点坐标,外业工作包括踏勘选点、边长测量和角度测量等工作。控制测量的内业工作就是指导线点坐标的计算过程,主要就是误差(闭合差)处理,闭合差一般根据几何原理检验。

学生应重点掌握控制网测量数据处理过程,掌握相关测量表格的填写格式和计算,难点是角度闭合差和坐标闭合差的处理。

【综合练习】

填空题	总结
1. 工程控制测量中应遵循____________________，__________测量原则。 2. 平面控制网的三种形式是__________、__________、__________。 3. 平面控制网必要的起算数据是__________或__________。 4. 绝大部分工程中习惯上将__________方向定义为 x 轴的正向，而且是一种__________手坐标系。 5. 船舶工程中的船体三维坐标系是一种__________手坐标系。 6. 后点坐标相对于前点坐标的变化称为__________。7. 坐标反算是指根据两点坐标推算__________的过程。 8. 方位角的范围是__________。	

判断题	总结
1. 平面控制网的各控制点坐标可以不进行误差处理。(　　) 2. 数字化船坞的坐标系方向可以任意假定，一般沿船舶中线布置 x 轴。(　　) 3. 数字化船坞的坐标系也是左手坐标系。(　　)	

计算题	总结
1. 某控制网为附合导线控制网，采用左手坐标系布置，导线的左角测量数据如下图所示，已知基线 AB 边的方位角 $\alpha_{AB}=150°30'42''$，基线 CD 的方位角 $\alpha_{CD}=28°44'02''$，请计算各边的方位角。 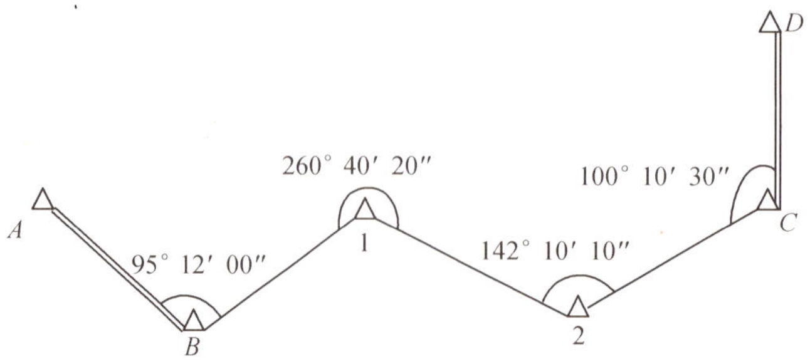 2. 上题中，如果已知点 A 坐标为(50.000,70.000)，且已测得长度，$L_{AB}=20$ m，$L_{B1}=30$ m，$L_{12}=25$ m，$L_{2C}=40$ m，$L_{CD}=15$ m，请计算各点坐标。	

任务4.5　三维测量技术与全站仪

● 基本知识

在传统的船舶设计和制造中，设计人员通过二维设计图纸和其他相关资料表达设计意图并与施工单位进行沟通，通常这种二维设计图纸不太直观，从而使设计和生产的效率相对较低。随着科技的进步，特别是计算机技术的迅猛发展，人类在设计、制造领域都更多地依赖计算机，提出了计算机辅助设计（CAD）、计算机辅助制造（CAM）等概念。

在船舶设计制造领域，国外开发了 TRIBON、CADDS5 等船舶专用软件，功能全面，界面友好；在国内，中国船舶集团旗下沪东中华船厂开发的船舶全三维设计系统 HDSPD，打破了国外软件对船舶三维 CAD 软件领域的垄断，在我国造船领域得到了广泛应用。

船舶设计制造中使用三维设计软件，使得船舶设计过程中进行各专业计算仿真成为可能，比如在船舶结构计算和设计、船舶制造中，力作用和热作用的耦合计算等可以辅助进行变形预估，可为建造工艺设计提供一定依据；另外，在船舶的精度控制方面，三维模型数据也是现代船舶精度控制的基础数据，三维模型包括了船舶各特征点坐标，把各精度管理点坐标作为精度测量、控制的目标即可。

按现代船舶建造精度控制方法，控制对象的形状是由其特征点坐标来描述的。建造中的分段、总段及平台搭载工艺中，特征点的坐标需要实测，因此有大量测量坐标的需求。传统的工程测量中，坐标的测量可以通过经纬仪测角和钢尺量距，然后通过计算得到，这种方法测量速度慢、计算工作量大，容易出错，不适合现代造船行业提高工作效率的要求。现代造船企业一般都使用效率更高的全站仪来进行坐标测量，全站仪的距离测距采用电子测距方法，其角度测量采用电子测角的方法。

4.5.1　电子测距原理

电子测距是距离测量的一种方法，用于取代传统的钢尺量具。人们曾经研发了激光测距仪用于单一的距离测量，全站仪则将角度测量与电子测距的功能进行了集成，同时用微处理器进行简单的计算，比如水平距离、倾斜距离的换算，角度、距离与坐标的换算等。

电子测距可使用电磁波，更多的是使用红外线或激光作为光源。光电测距通过测量光波在待测距离 D 上往返传播一次所需要的时间 t_{2D}，按下式来计算待测距离 D：

$$D=1/2 \cdot c \cdot t_{2D}$$

式中　C——光波在大气中的传播速度，与电磁波波长和观测时的气象条件有关；

　　t_{2D}——光波在光路上的往返传播时间。

传播时间可以直接测定，比如通过测定脉冲在光路上往返传播过程中的脉冲数来测定 t_{2D}；也可以间接测定，比如测相法是通过测量调制光在光路上往返传播所产生的相位差来测定传播时间的。精密测距一般采用相位差式测量方法。

相位式测距是将光源调制成特定频率和波长的调制波，通过测量调制波在光路上往返传播所产生的相位移，间接地测定电磁波在光路上往返传播时间 t_{2D} 的。

如果将调制波的往程和返程摊平，则如图 4.5.1 所示。由光源发出的光波通过调制器调制后，成为光强随高频信号变化的调制波。调制波射向光路另一端的反射镜，经反射棱镜反射后，被接收器所接收，然后由相位计将发射信号与接收信号进行相位比较。

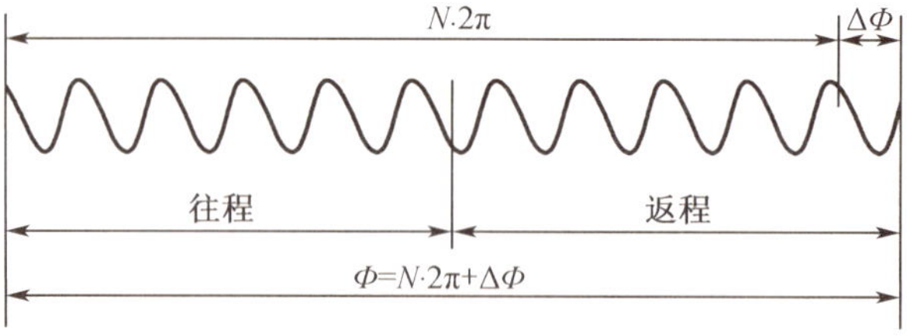

图 4.5.1　相位式测距原理

测得调制波在被测距离上往返传播所发生的相位移(或称相位延迟)Φ 后，则可根据下式计算往返传播时间 t_{2D}：

$$t_{2D}=\Phi/\omega=\Phi/2\pi f$$

式中

$$\Phi=2\pi N+\triangle\Phi$$

ω 和 f 表示调制波的角频率和频率。

根据计算出的时间 t_{2D} 计算距离即可。

4.5.2　电子测距的精度修正

大部分测量都是在地面上进行的，光线在空气中的传播速度与真空中略有不同，为了保证距离测量的精度，必须要根据大气情况和环境温度对测量结果进行修正，无论是全站仪还是专用的测距仪都有这种修正的要求。

全站仪和测距仪在进行测距时一般还要配置反射棱镜或反射片(图 4.5.2)，还要考虑各种误差对测量结果进行修正，一般情况下会有以下几种修正要求。

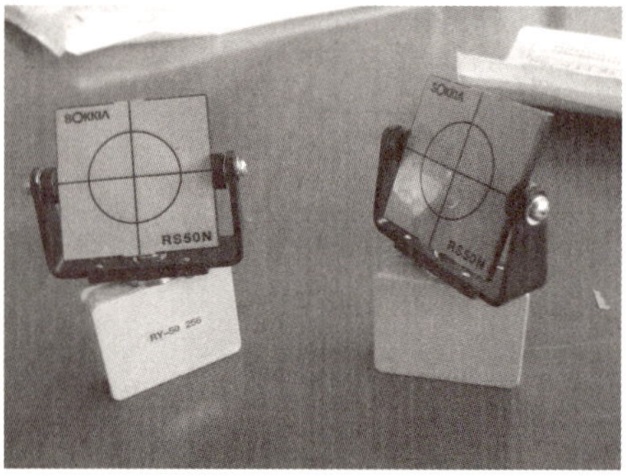

图 4.5.2　全站仪测量用旋转标靶

1. 仪器加常数修正

仪器内光路等效发射面、接收面和仪器中心不一致，棱镜等效反射面和棱镜安置中心不一致，会导致实测距离产生误差，这个误差一般通过仪器加常数来调整。

记加常数改正值为 ΔS_C，单位为 mm，由厂家给定或由专业鉴定部门鉴定得到。注意加常数与全站仪和棱镜都有关，比如船舶工程中测量坐标时有的全站仪需要配合反射片，要求全站仪设置加常数为 0，同一台全站仪如果配合反射棱镜进行工程测量，加常数就可能不为零了。

$$\Delta S_C = C$$

电子测距结果直接加上加常数即可完成修正。

2. 乘常数修正

测距仪内部电气性能变化会导致仪器的振荡频率发生变化，可能造成一定的测量误差。由电子测距计算公式可知，距离与频率成正比，所以频率的变化导致的距离修正也与频率成正比。总之，乘常数改正数是距离乘于仪器乘常数。

记乘常数改正 ΔS_R 为

$$\Delta S_R = b \cdot D'(\text{mm})$$

一般加常数 C 和乘常数 b 由仪器检定部门在已知基线上比对求得。

现代测距仪和全站仪在使用时应开机检查设置菜单，确保加常数 C 和乘常数 b 设置正确；使用过程中也不能改变，只有经仪器检定发现加常数或乘常数有改变才能重新设置。

3. 气象修正

对电子测距，一般测距仪和全站仪具有气象参数设置菜单，输入正确的温度和大气参数后，测距时仪器可按内置的修正公式自动计算修正值，液晶屏显示的距离测量结果一般都是修正后的数据。

有些仪器没有自动修正功能，但厂家仪器说明书中会提供修正公式或图表，需手工计算修正。

4. 倾斜修正

测距仪测得的距离其实是仪器镜头中心与棱镜中心的斜距，当需要测量水平距离时还要进行倾斜修正。倾斜修正可由竖直角根据三角函数关系进行计算，也可以根据高差用勾股定理计算。

如果是全站仪，则可以根据需要设置不同的显示模式，如斜距模式或平距模式等，使液晶屏幕显示所需要的结果。

4.5.3 电子测角原理

电子经纬仪和全站仪都有角度测量功能，角度测量都采用电子测角的原理。电子测角的角度传感器主要有编码度盘和动态测角系统等。

编码度盘如图 4.5.3(a)所示。在玻璃度盘的一系列同心圆环上，按二进制方式设置透光(编码为 1)和不透光(编码为 0)的编码区域；在度盘上下两侧安装透光检测电路，每个环安置一个发光二极管和光电检测二极管，将所有二极管排列在一条半径上就形成一条光电检测阵列。在度盘静止后，光电检测阵列可以得到唯一的一组编码，经译码器运算可以得到度盘的读数。

这种编码度盘的测角方法为绝对式测角法，因工艺问题，度盘的分辨率不高，因此实际仪器还需要设计电子测微装置。

编码度盘及其动态测角原理如图 4.5.3(b)所示。

将度盘分成 1 024 个等间隔，每个间隔对应 φ_0 角，且间隔又分反光和透光两种。设计两个光电传感器，固定不动的记为 L_S，另一个随照准部转动的记为 L_R。望远镜照准目标后启动测角系统，度盘在马达的驱动下始终以一定的速度逆时针旋转，通过光电转换电路对度盘进行计数(n)和计时，并精确测出 $\triangle T$。

则待测角为

$$\varphi=n\cdot\varphi_0+\Delta\varphi$$

与此相应，任意分划通过两个探测器的时间间隔为

$$T=n\cdot T_0+\Delta T \tag{1-40}$$

由于 φ_0 已知，而相位差 $\Delta\varphi$ 可以通过精测 ΔT 后计算得到，因而可实现高精度的测角。

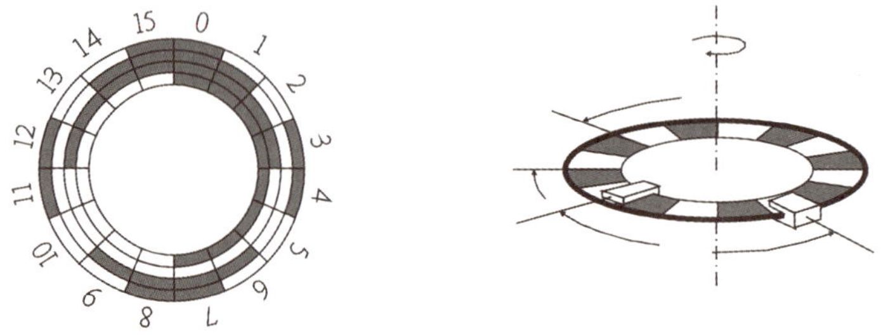

(a)　　(b)

图 4.5.3　编码度盘及其动态测角原理

4.5.4　全站仪主要功能

全站仪又称全站型电子速测仪，是在电子测距和电子测角的基础上研发的一种高精度测量仪器，它具有电子测距、电子测角的基本功能，并集成了自动计算和自动数据记录及传输功能，可快速高效地实现三维坐标测量与定位。它是集光电、计算机、微电子通信、精密机械加工等高精尖技术于一体的先进测量仪器，可方便、高效、可靠地完成多种工程测量工作，是目前测量工作中使用频率最高的仪器之一，具有常规测量仪器无法比拟的优点。尼康 Nikon XS 全站仪如图 4.5.4 所示，徕卡 Nova MS50 全站仪如图 4.5.5 所示。

全站仪有一些结构和功能与普通经纬仪类似，比如全站仪也有基座、脚螺旋、圆水准器、管水准器、光学望远镜系统、水平制动或望远镜制动、微动螺旋等，因此在基本操作上与经纬仪类似，有些高级的全站仪可能会简化一些构件的设计。

全站仪一般具有如下功能：

(1)具有基本的水平角、竖直角的自动测量功能，采用电子测角的原理，精度高、速度快。

(2)具有距离测量功能，一般为电子测距，采用红外或激光测距原理。

图 4.5.4　尼康 Nikon XS 全站仪

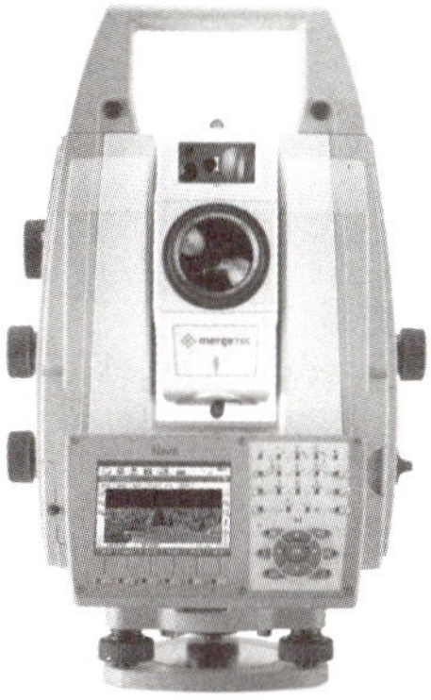

图 4.5.5　徕卡 Nova MS50 全站仪

(3)具有直接测坐标功能。

坐标的测量结果直接在液晶屏幕上显示,无须人工计算,因此测量速度快、效率高。

(4)具有二次开发功能,可以根据专业需要开发专用测量程序。

(5)具有液晶屏和功能齐全的按键面板,有良好的人机交互界面,方便操作。

(6)为便于数据交换,有丰富的数据接口或无线数据交换功能。

全站仪主要是电子系统功能比较强大,全站仪的电子系统包括光电测量子系统和微处理子系统。有些全站仪具有 USB 接口,有红外、蓝牙等无线通信方式,可以与计算机设备或 PDA 进行有线或无线连接。

光电测量子系统的主要功能有:水平角测量、垂直角测量、距离测量、仪器电子整平与轴系误差自动补偿、轴系驱动和目标自动照准、跟踪等。

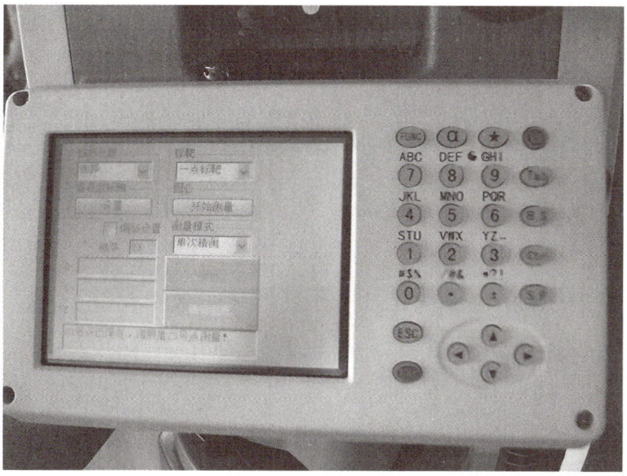

图 4.5.6　全站仪的操作界面和按键面板

微处理子系统的主要功能有:控制和检核各类测量程序和指令,确保全站仪各部件正常工作;实现角度电子测微,距离精、粗读数等;对全站仪轴系误差补偿与改正;距离测量的气象改正等；数据的显示、计算、处理与存储，以及与外围设备的信息交换等。

全站仪使用说明

由于不同厂家、不同型号的全站仪研发的原理和具体功能各不相同，所以在使用具体型号的全站仪时一定要研读其说明书，了解全站仪的基本参数和使用要求，在充分了解全站仪基本功能的基础上严格按照操作规程使用。

【延伸阅读】

电磁波测距仪按载波可分为光波测距仪、微波测距仪和多载波测距仪。光波测距仪以白炽灯、高压水银灯作为光源，激光测距仪以激光作为载波，红外测距仪以红外发光管或红外激光管作为光源。

测距仪按测程可分为测程在 3 km 以内的短程测距仪、测程在 3~15 km 的中程测距仪、测程大于 15 km 的远程测距仪和超远程测距仪；按精度可分为超高精度测距仪、高精度测距仪和一般精度测距仪。

测距仪按按测距方式可分为脉冲式测距仪、相位式测距仪和混合式测距仪。脉冲式测距仪的测程远而精度较低，相位式测距仪的测程较短而精度高。精密测距仪均采用相位式或脉冲式、相位式混合的测距方式。微波测距仪、激光测距仪、红外测距仪和多载波测距仪均属于相位式测距仪；激光人工测距仪、机载激光测高仪和激光测月设备等则属于远程脉冲式测距仪。

如果只有测距的需求，则可以使用专用的电磁波测距仪；也可与经纬仪连接使用，用于坐标测量。测距仪一般由照准头、控制器、电源和反射器四部分组成。

各种型号的电磁波测距仪结构不同，操作方法也有差异，使用时应严格按照说明书进行操作，距离测量时需要同时测量垂直角（或仪器高）、温度、气压等用于平距改正。

【任务小结】

本任务主要介绍了电子测距和电子测角的基本原理，并初步介绍了全站仪的基本功能。

电子测距多采用电磁波和红外光或激光作为测距载体。电子测距的精度主要取决于时间测量的精度，另外还要考虑电磁波或光波在空气中的速度修正，所以一般要对电子测距的结果进行气象修正。作为电子仪器，考虑到环境、温度及线路电气性能随时间变化的影响，电子测距需要乘常数修正。仪器加常数修正则是由于光路系统的设计特点不同引起的。

全站仪具有电子测距、电子测角的基本功能，并能够对基本测量数据进行计算，从而实现三维坐标测量。

学生应了解电子测距和电子测角的基本原理，重点掌握全站仪的基本功能，以便迅速适应全站仪的使用要求。

【综合练习】

填空题	总结
1. 全站仪的距离测距采用电子测距的方法,其角度测量采用__________的方法。 2. 电子测距需要测量光波在光路上的传播时间,一般有两种方法,一种是直接测定法,另一种是__________法。 3. 由于测距仪内部电气性能变化会导致仪器的振荡频率发生变化,可能造成一定的测量误差,因此电子测距需要进行__________修正。	
判断题	**总结**
1. 考虑大气折射对电子测距的影响,需要对距离测量结果进行乘常数修正。(　　) 2. 如果只需要测量两点的直线距离,可以不进行倾斜修正。(　　) 3. 全站仪可以通过 GPS 直接测得坐标。(　　) 4. 全站仪的整平、对中操作同经纬仪相同。(　　)	
问答题	
1. 全站仪与经纬仪的区别是什么? 2. 使用全站仪一般有哪些基本的设置? 请说明其原因。 3. 请说明电子测距的原理。	

项目5

船舶建造三维精度系统

● 项目描述

船舶的建造就是按设计要求将船体构造、舾装设备和涂装等工程有计划完成的过程。这其实是一个复杂的系统工程，船舶建造系统要求每个工序都必须精准无误，每道工序都需要在时间和空间上进行精确的控制。在建造过程中要保证工件的几何形状、尺寸和位置都处于精度可控状态，尽量减少精度问题造成的返工工作量，这就需要准确地对中间产品及对应施工信息进行及时收集和分析，可靠的检测工具和较高的测量水平是提高造船精度的基本要求。

传统测量方法中，使用包括铅锤线和木样板在内的传统测量工具都需要大量的人工，在划线测量时，即便技术熟练的工人来操作，测量精度也一般。随着数字化造船技术的发展，使用三维测量系统的船厂越来越多，船体建造的精度控制水平也不断提高。目前主要的三维测量系统有四种类型：经纬仪测量系统、全站仪测量系统、摄影测量仪系统和激光跟踪测量系统等，本章主要介绍全站仪测量系统组成和应用。

● 知识框架

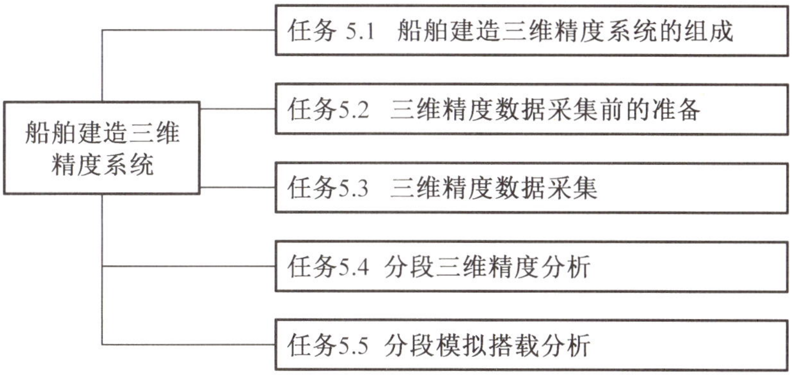

任务5.1　船舶建造三维精度系统的组成

● 基本知识

5.1.1　船舶建造三维精度系统的组成

工程测量技术经过长期的发展，已逐步向信息化、自动化转变，测量工具、分析软件也日益成熟，国内外有许多企业、高等院校、研究院所一直在从事测量技术和精度管理方面的研究及生产，如瑞士徕卡有关测量系统的产品在建筑、桥梁隧道、铁路、工业产品生产等方面都有应用。

在船舶建造精度管理方面，随着船舶建造行业的飞速发展，船舶 3D 设计系统已经普及开来，各船舶建造企业通过 AutoCAD、Tribon、Catia 等绘图设计软件对船舶进行三维建模，从而在计算机上实现设计布置、计算分析、精度控制等工作。目前，韩国三明精度造船管理系统 EcoMarine 在国内外大中型船厂已广泛应用，国内上海力信测量技术有限公司与芬兰 AMS 公司联合开发的 RMS 系列精度管理系统在隧道、高速铁路、船舶建造等方面也有应用。近几年，国内也掀起了精度造船系统的研发热潮，如沪东中华造船集团有限公司、上海船舶工艺研究所、上海龙禹船舶技术有限公司等单位都已开发出船舶精度控制系统及相应软件。

现代造船精度管理系统（图 5.1.1）主要包括数据采集和数据分析两大模块，其中数据采集多采用不同等级和功能的全站仪，考虑到数据采集的效率，一般会研制专用的船舶精度数据采集程序安装于全站仪操作系统；为了便于数据的分析，一般需要研发图形化交互界面较好的船舶精度测量数据分析系统，如果对测量数据有现场实时数据分析的需求，则需要配备便携式的掌上电脑并研发对应的数据处理软件，也可以采用笔记本电脑安装计算机数据处理软件以满足在现场数据处理的要求。

上海龙禹船舶技术有限公司研发的 IN 精度管理系统可以应用于船舶与钢结构的精度控制，它包括以下三个模块。

1. IN-CHECK 模块

IN-CHECK 是基于全站仪操作系统的数据采集软件，可以安装于 PDA、IPAD（app）中通过数据线或蓝牙模块与全站仪进行连接，用于实时采集数据；IN-CHECK 也可以通过无线网络实现 PC 机与软件的设计值、测定值的互相传输。

IN-CHECK 可以将船舶结构测量数据与设计数据进行对比分析，通过软件自身提供的测定、分析、计算等功能，分析船舶结构的精度情况，得到高效及时的精度评估。

IN-CHECK 可以安装于基于 WinCE 系统的国内外各品牌全站仪，如 SOKKIA、LEICA 以及南方仪器、苏一光等国内品牌。也可以通过导入 IN-ANALY 生成的设计文件，实现现场数字化三维实时定位,确定各点偏差。亦可通过建立坐标系的功能,进行常规安装二维定位。分析设计数据与实测数据偏差时,可以进行旋转、移动。计算功能可以提供点位间空间尺寸、角度、直线度、平面度、圆心拟合等应用。

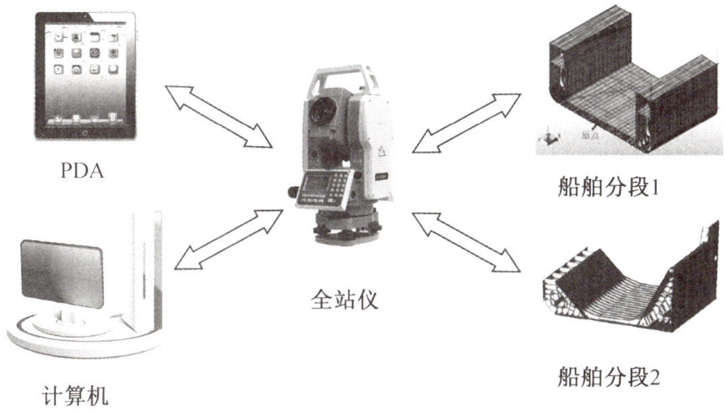

图 5.1.1　现代造船精度管理系统

2. IN-ANALY 模块

IN-ANALY 模块是基于计算机的测量数据后处理系统软件,并具备二次开发功能。该软件通过在三维空间中将测量数据与模型设计对比,进行匹配、转换、分析、计算等精度分析,并有强大的精度分析结果输出功能,可以综合管理、分析生产分段及钢结构构件的精度数据,使用绘图、模版等功能制作二维检测报表。

IN-ANALY 支持多视角查看,制作报表时可生成截断面或投影面;能编辑多种行业标准尺寸及标号(点坐标、距离、偏移、标记、理论线、文本、坐标轴、标尺等共能);使用绘制图形功能可生成及编辑模版,并导入模版库。支持输出报表、图片、PDF 或直接打印的功能。

3. IN-ASSEM 模块

IN-ASSEM 是一款船舶分段与钢结构模拟搭载(预拼装)的软件,主要针对船舶分段在拼装时可能出现的构件错位/干涉/段差等不良问题进行提前分析并处理,以提高一次性无余量拼装的工艺需求,预防拼装过程中因为工艺精度问题引起的修割、换板、返工等影响吊装、拼装时间的事情发生,缩短拼装周期,提高拼装质量,节省人力、物力,提升生产效益。

IN-ASSEM 具备多种管理功能,可以导入三维测量文件,也可以生成测量点、设计点、设置连接、搭载/拼装顺序等。在移动/旋转功能的支持下,可以进行模拟拼装。通过设计值和偏差值之间的对比分析,确定分段预拼装状态。在分析功能中,可以通过移动、旋转、计算等功能分析构件间的碰撞或段差,自动给出拼装工况。在制作二维图表功能中,可生成切割面、投影面,插入各种尺寸及标准符号(点坐标、直线距离、偏移、划线理论线、坐标轴、标尺、文本、局部视图等),可用绘图功能绘制多种类型线段、曲线等,编辑报表及报表模版,导入模版库中,进行管理和共享。打印功能支持直接打印,输出图片、pdf、excel 表格等功能。

在服务器共享功能的支持下,IN-ASSEM 可以读取、编辑服务器中模拟预拼的项目文件,进行管理、统计等操作。

5.1.2 三维测量技术在船体建造测量过程中的应用

基于全站仪和船舶3D设计系统的三维精度测量技术，不仅可以解决传统测量方法难以解决的问题，如脱胎测量、任意姿态下分段划余量等问题，还具有模拟搭载及搭载误差分析、现场测量与报表输出等信息化功能，从而可以减小劳动强度、降低作业风险，有效减少吊机和运输设备的占用时间，显著缩短船台（船坞）生产周期，具有无可比拟的优势。

三维精度测量技术在船舶建造工程中的应用主要包括以下几个方面。

1. 船体建造精度检测

船体建造中全站仪对船体的各项精度检测有：

（1）尺寸检测

测量任意点，计算两点之间的平距、斜距、高差、坡度等相对关系，将计算结果与设计数据进行对比，从而实现对成型分段尺寸的精度检测。

（2）点位检测

定义测量一条基准线，计算测量点和基准线的横向、纵向偏距以及高差等，可检测任意姿态下船体分段的半宽、端面同面度，以及分段/总段的搭载定位尺寸。

（3）平整度检测

定义测量一个基准面，测量任一点到该面的垂直距离，可以检测任意姿态下船体结构任一平面的平整度、端面同面度、半宽。

（4）平面夹角检测

检测任意两个平面的夹角，如垂直舱壁与甲板面的垂直度、斜顶（底）板与相关结构之间的角度、分段定位的水平度等。

（5）三点共线检测

检测任意三点是否共线，是否位于同一铅垂面上，是否位于同一水平面上等，可以用来检查边缘平齐度。

（6）水尺水线标定

解决船体在任意姿态下的水尺水线标定问题。

（7）余量切割划线

解决分段在任意姿态下的余量划线问题以及任意姿态下分段端部同面度检测问题。

（8）三维圆度检测

解决任意姿态下圆筒（柱、盘、孔）体的圆度及其肋位同面度检测问题。

2. 船体装配检测

（1）直线、角直线绘制

全站仪的望远镜视准轴与测距光完全同轴，仪器可以从望远镜物镜中发出同轴红色激光束。利用这一特点，可以在船台上划制直线与角直线，如船台中心线、肋骨检验线，同样可以方便地将平台基顶上的基准线划制到胎架或者分段上。

（2）水平度测量

全站仪的测量工作以大地水平面为基准面，铅垂线为基准轴，当测区范围较小时，例如船舶精度测量，可以用水平面代替水准面。全站仪测量点的三坐标（X,Y,Z），就是指测量点在基准面上的投影位置(X,Y)和该点离基准面的高度(Z),显然如果各个测点的高度相同,那么就认为这些点在一个水平面内。

①水平船台上分段四角水平测量

如图 5.1.3 所示,水平船台上测量分段四角水平,将分段放置在船台上,调整分段中心线和船台中心线一致,分段肋位线和船台肋位线对准;架设全站仪,测量分段甲板平台上前后肋位左右对称的 A、B、C、D 四点,测量各点坐标,IN-CHECK 软件自动设置第一点 Z 坐标为 0,当 $Z_A=Z_B=Z_C=Z_D=0$ 时,分段四角水平。

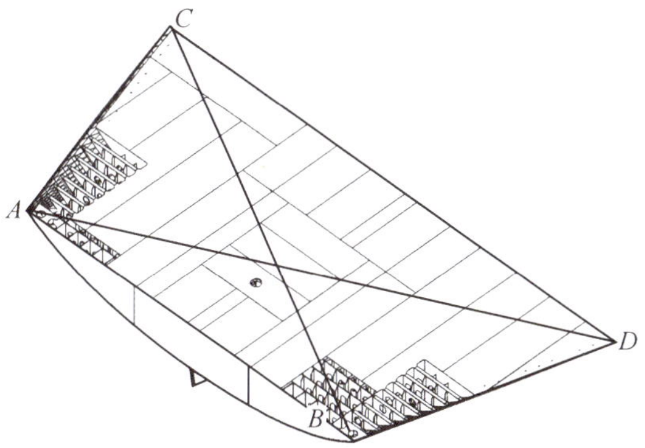

图 5.1.3　水平船台上分段四角水平测量

②斜船台上分段四角水平测量

斜船台上测量分段四角水平,即将分段放置在斜船台上,调整分段中心线和船台中心线一致,分段肋位线和船台定位肋骨线对准,分段的定位高度符合定位要求。

分段左右舷水平测量方法与水平船台相同。

分段首尾水平度测量,可以选择测量在同一纵坡面、同一基准线面上的两点,分别计算对应测点之间距离、坡度,如果距离相同、坡度与船台坡度相等,则四角水平。

(3)舱壁垂直度测量

舱壁垂直度的测量是船体部件、分段、船台装配过程中的一项基本测量任务,是指构件与基面的垂直状态。每个面上选 3 点作为特征点,则 3 个点形成一平面;测量各点坐标,利用 IN-CHECK 相应菜单计算出两面之间的角度,如图 5.1.4 所示。

(4)定位高度测量

船体建造过程中,高度测量的内容有:分段本身的高度、分段定位的高度,即分段的绝对高度和定位高度。现以底部分段为例,介绍定位高度的测量方法。

①水平船台定位高度测量

水平船台定位高度的测量,如图 5.1.5 所示使用 IN-CHECK 软件先测量船台上基线标竿上的船体基线 A 点,然后测量分段首位两端肋位的底板中心处的 B 点,计算两点之间的高度差,从而指导分段调整。

②斜船台定位高度测量

斜船台定位高度的测量,用全站仪检测分段距基线的高度方法和水平船台相同。

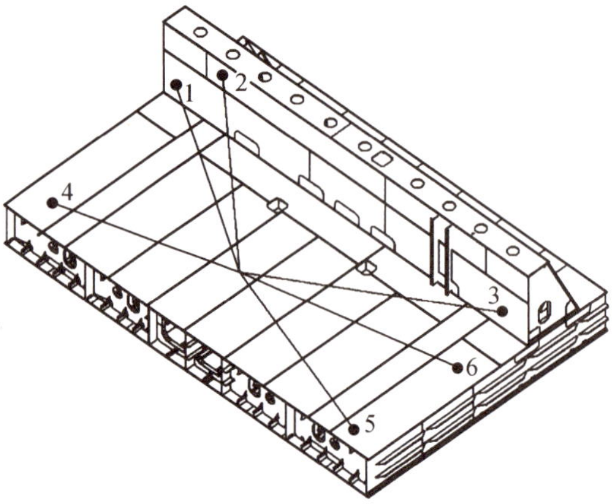

图 5.1.4　舱壁垂直度测量

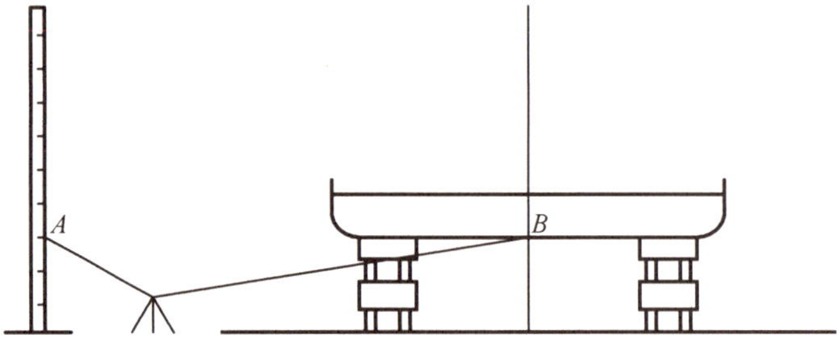

图 5.1.5　水平船台定位高度测量

(5)定位宽度和长度测量

船体建造过程中，长度、宽度的测量内容各有两个，即分段本身的长度、宽度和构件相对于基准的定位长度、宽度，现场检测时，只需以船体中心线或者一条肋位线作为参考线，通过查看计算横向偏移、纵向偏移或者空间距离，就可以方便准确地测量出水平和倾斜船台上分段相对于参考元素的偏移量，从而指导分段调整。

(6)定位搭载测量

只需使用全站仪测量搭载分段上至少 3 个定位点，软件即可自动计算出搭载分段和基准分段在搭载面上各对应定位点坐标的三方向偏差量，根据偏差提示，可对搭载分段进行调整，从而实现一次定位，快速搭载。

基于全站仪和船舶 3D 设计系统的三维精度测量技术具有传统测量方法无法比拟的特点及优势，推广和普及三维精度测量技术，对于提高船体分段制造精度、提高搭载效率以及逐步实现无余量造船具有重大意义。

5.1.3　三维精度管理技术工作流程

基于全站仪的船舶三维精度管理系统要实现有效运行需要按照一定的流程进行，主要有5个步骤。

1. 精度管理点的确定

需要重点进行精度控制的船舶中间产品一般是组立或分段等立体结构，每一个分段都有具体的精度要求，如分段的长度、宽度、高度、端差、对角线长、垂直度、平面度等，精度管理点就是能够描述这些精度特征的精度管理点。

在精度分析之前需要首先确定精度管理点，精度管理点的选取要保证能够通过后处理完成所有尺寸的衡量，一般要根据精度标准所要求的检查项目来确定。

确定精度管理点是通过计算机 IN-ANALY 模块进行的，在 IN-ANALY 模块中有“标注”功能菜单，菜单下有若干标注工具，选用不同的工具就可以通过软件指定精度管理点，系统会显示精度管理点的理论坐标并自动进行编号，通过“保存”工程文件和“导出设计点”功能可以保存精度管理点标注结果，并生成“精度测量检测表”，以备后续精度测量和分析使用。

2. 数据采集

数据的采集就是指现场利用全站仪测量分段精度管理点的实际坐标。数据采集的依据是提前确定好的精度管理点数据和“精度测量检测表”，这些精度管理点在现场都必须通过全站仪采集其坐标，非精度管理点的数据则不必进行测量；数据采集需要使用全站仪内置的 IN-CHECK 模块。

3. 精度分析

精度分析的目的是得出分段精度情况，分析数据是分段的理论尺寸和现场实测数据，这个分析过程也是通过计算机 IN-ANALY 模块进行的，通过该模块“计算”和“变换”等菜单功能进行数据比对从而得出精度分析结果。

精度分析的结果要生成“精度分析报表”，以指导生产车间精度的控制。

4. 模拟搭载

模拟搭载 IN-ASSEM 模块进行，主要用于分析两分段结合面的匹配情况，为此提供了丰富的菜单功能，并可将分析结果导出图形和数据报表以指导现场搭载。

5. 搭载定位

船舶分段的搭载在船台和船坞进行，现场精度的控制除了传统的精度控制方法，也可以模拟搭载数据、报表为依据；同时现场的就位情况也可以用多台全站仪实时监控，通过多部门、多工种的现场协调，可以实现快速、高效、高精度的分段定位。

精度管理工艺流程可以参考表5.1.1——船舶精度分析流程表。

表5.1.1　船舶精度分析流程表

序号	项目	内容	流程
1	确定精度管理点	利用 IN-ANALY 模块确定精度管理点	读取3D设计模型
			根据实际需要，在设计模型上标注精度管理点，得到点的理论坐标
			生成测量检测表格，供现场检测参考

表 5.1.1(续)

序号	项目	内容	流程
2	数据采集	使用全站仪测量系统现场数据采集	待测分段可脱胎测量,任意摆放
			运用数据采集及现场分析子系统,快速、准确获得船体分段的三维坐标
			通过 PDA 软件提供的变换、计算功能,可现场分析分段精度
3	精度分析	利用计算机软件 IN-ANALY 对分段进行详细精度分析	参考分段 3D 模型,读取理论和实测数据,二者适当匹配并提供三维误差
			对分段测量和理论数据进行对比分析,分析分段的精度情况
			生成分段精度报表,对结构进行划线、修整
4	模拟搭载	利用计算机软件 IN-ASSEM 模块进行模拟搭载	参考分段 3D 模型,以实测数据为基准进行模拟搭载
			通过软件相关功能,准确分析出分段间的重叠、端差、高差等三维精度数据
			生成模拟搭载报表,指导实现一次定位、快速搭载
5	搭载定位	使用全站仪测量系统现场控制搭载定位	测量搭载分段精度控制点,以模拟搭载结果作为定位基准
			现场测量搭载分段至少三个控制点,自动计算出其与基准段间的三轴向偏差
			根据偏差提示,实现准确定位、快速搭载

【任务小结】

本小节主要介绍了船舶建造三维精度系统的组成和三维精度管理技术工作流程。

船舶建造三维精度系统由硬件和软件组成,硬件系统主要包括全站仪等测量仪器,软件系统主要包括数据采集系统和精度数据分析系统。上海龙禹船舶技术有限公司研发的 IN 精度管理系统可以应用于船舶与钢结构的精度控制,它包括 IN-CHECK、IN-ANALY 和 IN-ASSEM 三个模块,三个模块具有不同的功能,应用于不同的场景。

船舶建造三维精度管理人员应当掌握基本的测量理论、测量仪器的基本操作,还要掌握全站仪数据采集系统和计算机数据处理系统的使用。

【综合练习】

填空题	总结
1. 船舶建造三维精度系统由硬件和软件组成，硬件系统主要包括__________等测量仪器。 2. 船舶建造三维精度系统由硬件和软件组成，软件系统主要包括__________系统和__________系统。 3. IN 精度管理系统包括__________、__________和 IN-ASSEM 三个模块。 4. 目前船舶建造企业三维建模常用的软件有 AutoCAD、__________、Catia 等。	
判断题	**总结**
1. 全站仪可以进行水线水尺标定。(　　) 2. IN-ASSEM 模块主要用来进行现场数据采集。(　　) 3. 横舱壁垂直度检查不可以用全站仪进行。(　　)	
问答题	
1. 船舶建造三维精度系统有哪些组成部分？请说明相应的功能。 2. 三维精度测量技术在船舶建造工程中有哪些基础应用？ 3. 请说明三维精度管理技术工作流程。	

任务5.2　三维精度数据采集前的准备

● 基本知识

船舶分段等中间产品的精度检查应严格按照精度标准规定的检测项目来进行，如分段的长度、宽度、高度、垂直度、端差、直线度、平面度等常规检测项目。由于三维数据采集和测量的特点，这些精度检测项目一般都要以测量点的实测坐标作为原始数据，经过相应的换算作为实测数据来进行精度检查。因此，应根据精度标准所规定的检测项目确定坐标测量点，而且这项工作一般要在现场数据采集之前进行，以免现场测量时无的放矢，造成混乱。

能够表征分段几何特征、需要现场采集坐标的点称为精度管理点，测量之前应确定精度管理点的位置。为提高效率，精度管理点的位置和坐标一般要借助软件得到，这个过程称为“标注”，在 IN-ANALY 系统中通过“标注”菜单下的各种功能来实现。标注精度管理

IN-ANALY 船舶与钢结构精度管理软件说明

点就是指在船舶分段三维模型上指定精度管理点的位置，其主要目的是制作分段精度测量检查表，指导现场测量工作；另外就是得到精度管理点的理论坐标位置，导出 *.des 设计点文件，为后续测量结果的精度分析提供分段模型坐标数据。

5.2.1　IN 的文件系统

在 IN-ANALY 中，每一个分段精度分析定义为一个精度分析工程。整个分析过程既需要一些原始数据文件，也会生成一些中间文件，为便于工程文件管理，不同的文件有不同文件后缀，不同文件后缀代表不同的含义，了解这些文件后缀的含义有助于对 IN 系统的理解和掌握。这些文件后缀主要有：

(1) *.dxf 设计模型文件；

(2) *.3dxml 设计模型文件；

(3) *.stl 设计模型文件；

(4) *.sat 设计模型文件；

(5) *.cgr 设计模型文件；

(6) *.blc 设计模型文件；

(7) *.xml 设计模型文件；

(8) *.mes 实测点文件；

(9) *.des 设计点文件；

(10) *.ems 实测点文件；

(11) *.dwg CAD 导出文件；

(12) *.vtx 顶点文件；

(13) *.xyz 顶点文件；

(14) *.ana IN-ANALY 保存的分段精度分析工程文件。

其中，*.des 设计点文件储存了分段精度管理点的点号和理论三维坐标数据，三维坐标数据由 IN-ANALY 的标注功能生成，而文件则由 IN-ANALY 的文件导出功能实现。

*.mes 实测点文件则是全站仪生成的测量文件，必须由船舶测量软件 IN-CHECK 保存得到。

另外，测量文件的格式可以自定义。当导入未知格式的测量文件时，系统会要求指定测量文件的格式，包括分隔符、放大倍数、数据起始行（即从哪一行开始为测量数据）、X 坐标所在列、Y 坐标所在列、Z 坐标所在列和测量数据的单位。如图 5.2.1 所示为数据格式设置对话框。

当设置格式成功后，在系统选项的“测量文件格式”一项里可以管理已添加的测量文件格式，如图 5.2.2 所示。

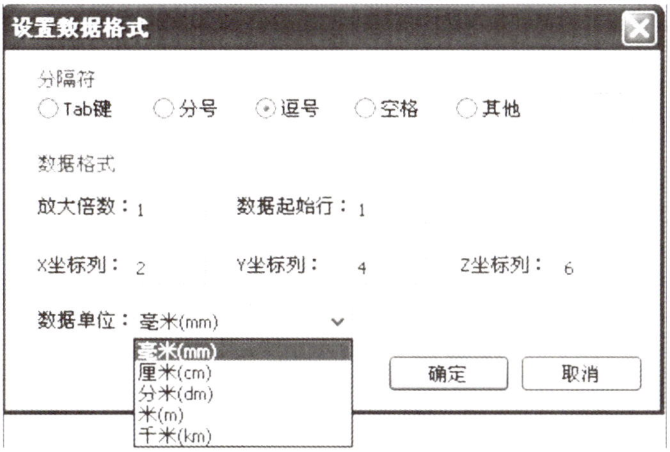

图 5.2.1　数据格式设置对话框

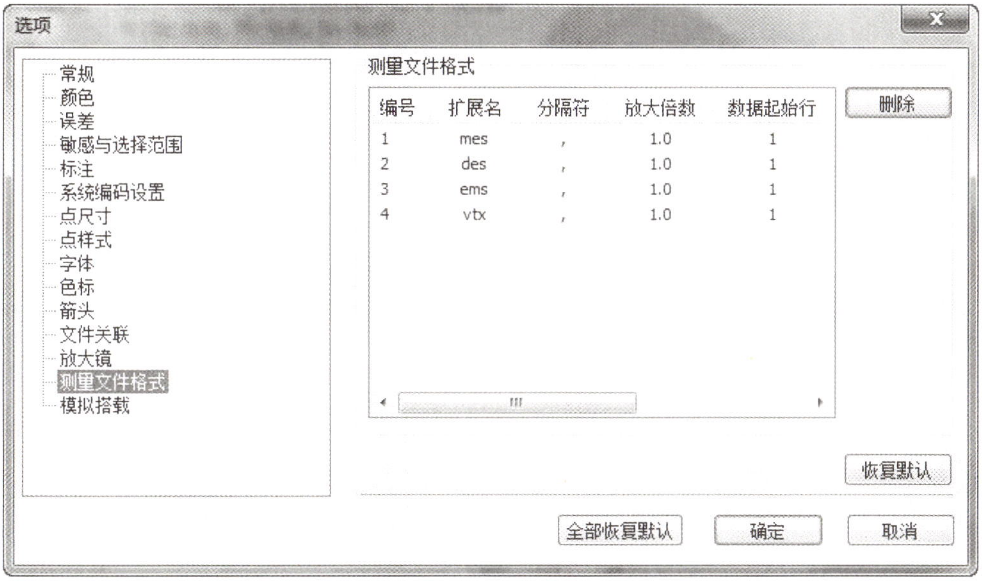

图 5.2.2　测量文件格式

5.2.2　IN-ANALY 的系统界面

IN-ANALY 建立精度分析工程之后的系统界面如图 5.2.3 所示，包含多个不同的功能区。

1. 快速访问工具栏

快速访问工具栏用来存放一些常用的功能按钮，以避免因功能区选项卡切换引起操作不便。

(1) 删除快速访问工具栏上的按钮：用户可在此工具栏的功能按钮上右键“菜单”，选择“删除”来删除此工具栏上的按钮。

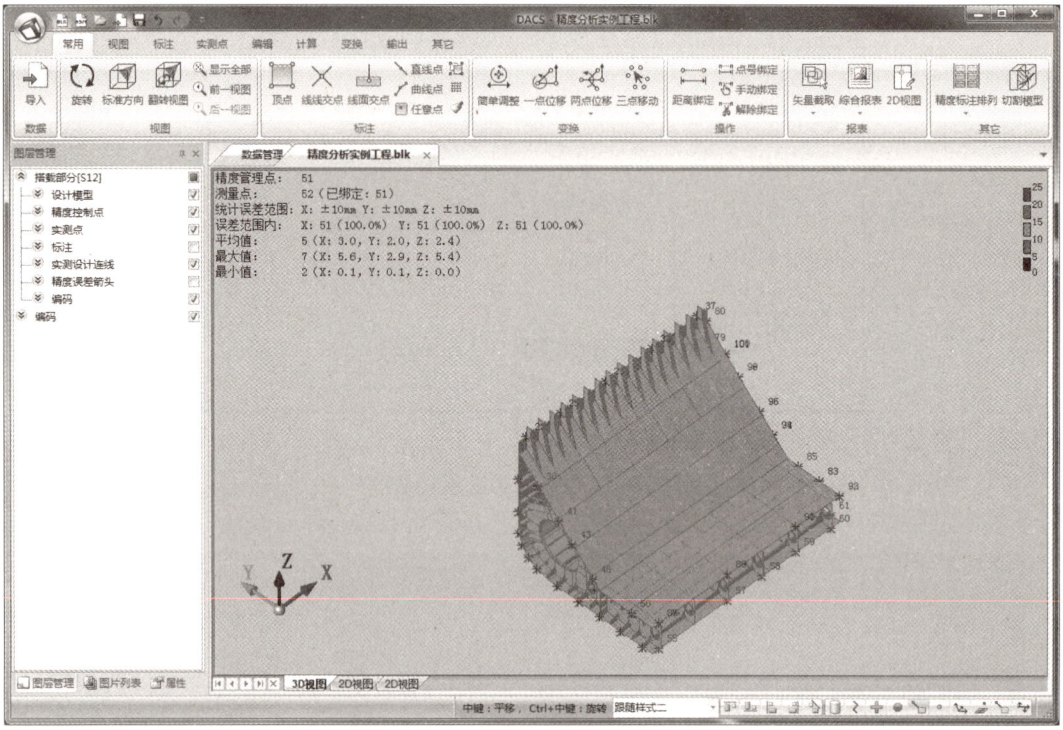

图 5.2.3 IN-ANALY 的系统界面

(2)把功能区的按钮添加到快速访问工具栏：在功能区的功能按钮上右键“菜单”，选择“添加到快速访问工具栏”，把你常用的功能区的按钮添加到快速访问工具栏。

2. 功能区

功能区是用来存放功能按钮的区域，相当于以前的工具条。系统根据类型对所有的功能按钮进行了分组，分为“常用”“视图”“编辑”“计算”“变换”“输出”“其他”。用户可以通过鼠标点击来切换这些功能选项卡。

3. 分析作业窗口

分析作业窗口指的是系统的一些辅助窗口，包括图层管理窗口、属性窗口、操作窗口、图片列表窗口、实测点窗口、设计点窗口、计算栏窗口。这些窗口都可以随意地拖动和停靠和显示在最前。

4. 图层管理窗口

图层管理窗口是进行图层管理的窗口。

5. 属性窗口

属性窗口显示当前选中对象的属性。

6. 操作信息窗口

当用户进行某个操作时，如三点移动，操作信息窗口可以提供操作对话框及信息提示。

7. 图片列表窗口

图片列表窗口显示管理所有用户通过屏幕截取截获的所有图片的窗口。

8. 实测点窗口

实测点窗口是显示当前工程导入的所有实测点的窗口。

9. 设计点窗口

设计点窗口是显示当前工程导入的所有设计点的窗口。

10. 计算栏窗口

计算功能(如两点距离、平面度)产生的所有结果都在计算栏窗口中显示。

(1)自动隐藏和固定显示分析作业窗口:点击分析作业窗口左上角的自动隐藏按钮即可。

(2)调整窗口的停靠:在固定显示的窗口上方按下鼠标左键拖动到合适位置即可。

(3)显示或隐藏分析作业窗口。

隐藏:直接点击窗口右上角的“关闭”按钮即可。

显示选择:菜单>>视图>>窗口>>要显示的窗口。

11. 工作区

图形显示操作的区域,即程序的视图。

12. 右键菜单

在工作区可点击鼠标右键激活右键菜单,包括诸如旋转、平移等常用功能。

13. 框选设置

框选设置控制框选功能选择的对象,如图 5.2.4 所示。

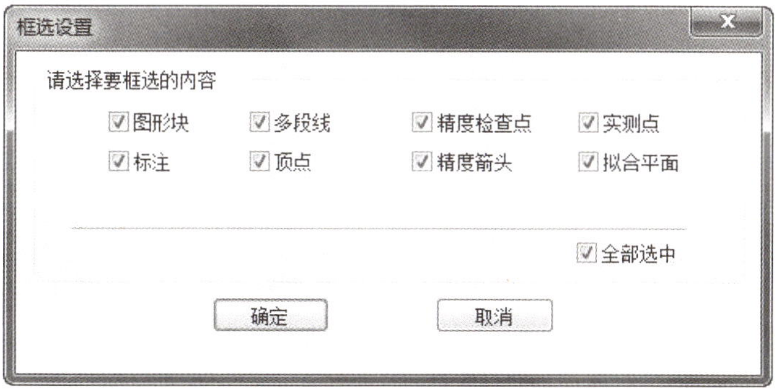

图 5.2.4　框选设置对话框

14. 菜单激活

“菜单激活”选项在程序的左上角,鼠标左键单击即可。

15. 框选设置状态栏

在状态栏上可选择框选设置,如图 5.2.5 所示。

图 5.2.5　框选设置状态栏

5.2.3 IN-ANALY 的视图菜单

作为三维精度分析软件,IN-ANALY 也具有强大的 3D 功能和人机交互界面,包含基础的图形显示浏览功能,如对象的平移、旋转、局部放大等基本功能,如图 5.2.6 所示。视图拥有焦点时,可以通过滚动鼠标滚轮(中键)进行视图缩放,缩放中心为鼠标光标位置,这是最常用的缩放方式。

图 5.2.6　图形显示浏览工具

在观察模型的复杂场景时,可以选择不同的模型样式以减少视图干扰,不同的模型样式表示不同的渲染模式,如图 5.2.7 所示。比较常用的是线框图模式和消除隐藏线模式。带边线上色效果图如图 5.2.8 所示。

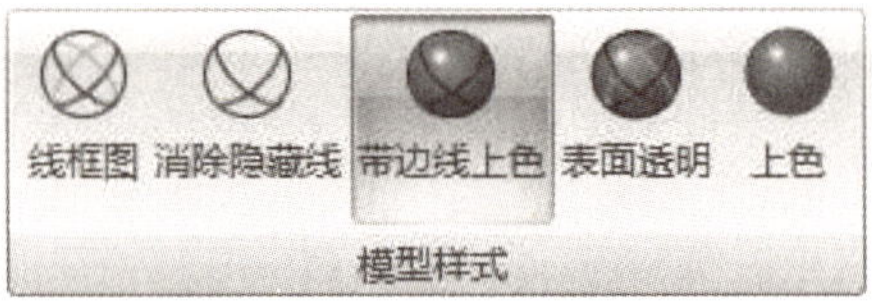

图 5.2.7　模型样式工具

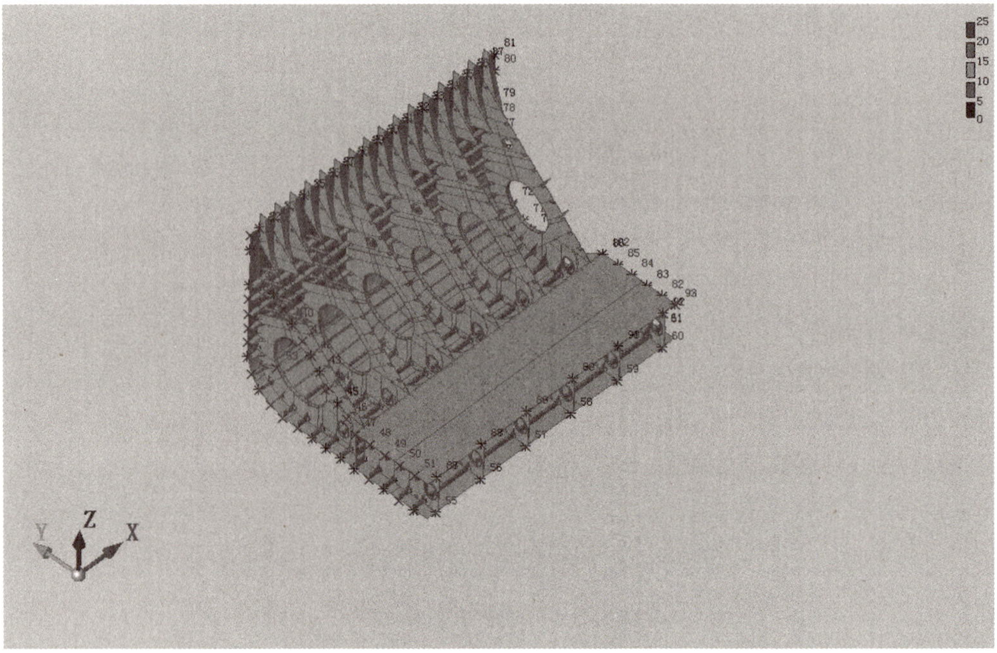

图 5.2.8　带边线上色效果图

在观察 3D 图像时,可能需要不同的视角,IN-ANALY 在“视图方向”工具栏系统预设了较多的视图方向以供选用。视图方向工具栏如图 5.2.9 所示。

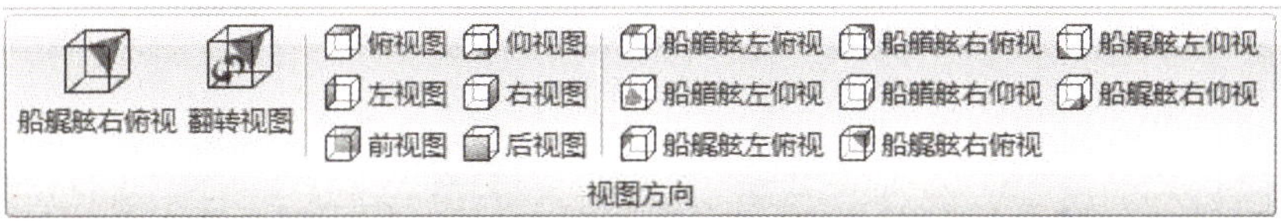

图 5.2.9　视图方向工具栏

5.2.4　精度管理点的标注

由于表征分段集合特征的精度管理点数量较多,为避免现场测量混乱出现漏测、多测等情况,数据采集之前应做好准备工作,使用 IN-ANALY 的“标注”功能指定精度管理点位置,得到对应坐标,导出 * . des 坐标数据文件备份,制作精度测量表。标注工具栏如图 5.2.10 所示。

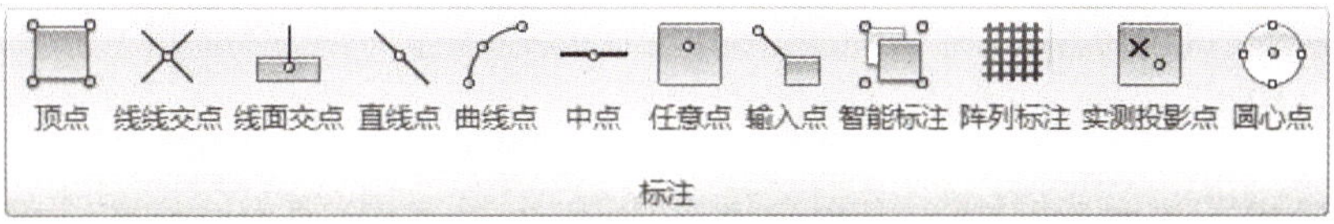

图 5.2.10　标注工具栏

IN-ANALY 的“标注”工具栏提供了多种标注工具,先点击对应工具图标激活,然后选择设计模型上的点(或相关点)为精度检查点,具体工具有:

(1)线段端点标注设计点;

(2)线段中点标注设计点;

(3)线上任意点标注设计点;

(4)线线交点标注设计点;

(5)线面交点标注设计点;

(6)沿直线距离点标注设计点;

(7)沿曲线、多段线距离点标注设计点;

(8)多点智能标注设计点;

(9)阵列标注;

(10)实测点投影;

(11)圆心点。

这些工具适用于标注时可能遇到的各种情况,但用不同的工具可以生成相同的精度管理点,应根据具体情况选用最合适的工具,并注意工具使用的操作要求。

例如,使用“线线交点”工具标注功能,可以标注用户选择的模型上的线段与线段的交点作为精度检查点,如果线段在空间没有直接相交,那么取第一条线在第二条线上投影的交点，如图 5.2.11 所示。

可以按以下步骤进行：点击“线线交点”工具图标激活，在模型上选择第一条线段，然后在模型上选择第二条线段，标注成功后视图区显示点的坐标、编号等信息。

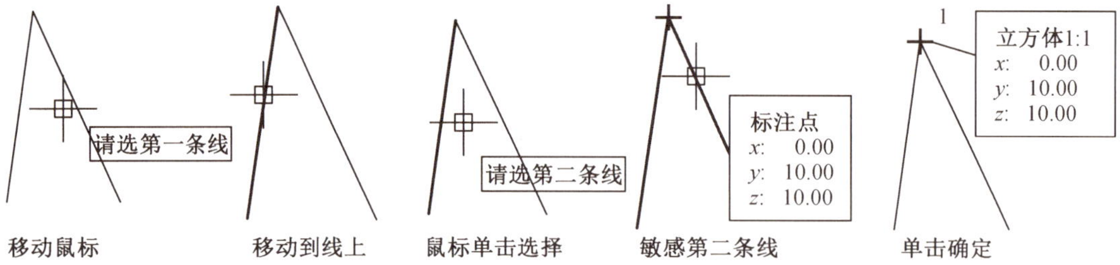

图 5.2.11 线线交点标注

可连续选线，进行线线交点的标注，默认每次选中的线与第一条线相交，当欲标注交点不是与第一条线相交时，可右键取消默认的第一条线的选中状态。

点击鼠标右键或 ESC 键退出“线面交点”工具激活状态。

其他工具的使用这里不再赘述，如有需要可以参考相关的软件说明书。

5.2.5 导出精度管理点的坐标信息文件

在所有的精度管理点都标注完成后，应及时保存，可以通过“导出设计点文件”功能保存为 *.des 文件。

*.des 文件的数据格式为“点号、X 坐标、Y 坐标、Z 坐标”，可以用记事本打开和编辑修改，所以精度管理点的标注文件也可以通过输入坐标数据得到。

设计点文件主要用于后续的精度分析工作，它也是现场精度分析所需要的文件之一。

为方便现场精度管理点的坐标采集，应充分利用 IN-ANALY 的截图功能和数据导出功能，生成现场测量所需要的各种图、表，比如能形象表示测量点位的各个视角的 2D 截图等。

【任务小结】

本任务主要介绍了船舶分段的三维数据采集前的准备工作。当船舶分段需要进行精度检查时，首先需要根据分段的精度要求和造船精度标准确定精度检查项目，根据精度检查项目确定精度管理点的位置，这个工作一般借助计算机系统来完成。在 IN 系统中用 IN-ANALY 来确定精度检查点，主要使用“标注”菜单的相关功能来实现。

标注精度管理点的目的是得到精度管理点的具体位置和具体坐标值，并导出相关图表或数据文件。这些图表可以在现场采集数据时辅助确定点位，导出的数据文件可以为采集数据之后的数据处理提供原始数据文件。

【综合练习】

填空题	总结
1. IN-ANALY 软件确定精度管理点的坐标要使用__________菜单。 2. IN-ANALY 生成的精度管理点的坐标可以导出为设计文件,其后缀名为__________。 3. IN 精度管理系统收录于全站仪的船舶三维精度测量软件名为__________。 4. IN-CHECK 采集的数据保存在测量文件中,文件后缀名为________。	
问答题	
1. 分段在精度测量之前如何确定精度管理点?其依据是什么? 2. 标注精度管理点之后,后续应该进行哪些操作?	

任务5.3　三维精度数据采集

● 基本知识

三维精度数据采集就是测量分段等精度检查对象,收集精度管理点的坐标数据。一般须采用全站仪测量系统,并使用船舶精度测量软件。IN 精度管理系统中对应的船舶测量软件是 IN-CHECK。

5.3.1　正确使用全站仪

数据采集工作必须坚持实事求是的原则,保证每一个数据的准确性,为此要注意全站仪的正确使用。要正确的使用全站仪,必须注意以下几点。

(1)必须熟练掌握全站仪的基本功能。数据采集使用的全站仪类型繁多,而且各种参数不尽相同,所以针对特定的全站仪一定要认真研究说明书,熟练掌握其基本功能,如基本测量模式、仪器设置、特色功能等,避免不了解仪器导致出现不该出现的错误。

(2)检查仪器是否正常、有无精度问题,如各水准器精度情况、仪器各轴的平行关系及垂直关系等。

(3)检查仪器的设置项,各参数是否正常。

(4)检查仪器电量及备用电池。

(5)检查测量反射片、旋转标靶、双标靶等附件及其他附件是否齐全。

此外，检查所需图纸是否备齐，并确认现场需要测量的位置，一般现场测量小组需要两至三人，一人操纵全站仪和设备，另一人配合放置靶标。

全站仪通过发射光束进行距离测量，光束在大气中的传播速度会因大气折射率不同而变化，而大气折射率与大气的温度和气压有着密切的关系。为了精确计算出气象改正数，需要求取光束传播路径上的温度和气压平均值，全站仪可根据输入的温度和气压值计算出相应的气象改正数并存储在内存中。

图 5.3.1 是某型号全站仪气象设置窗口，窗口中有温度、气压、相对湿度等气象条件的输入框。仪器也有气象条件自动设置选项，选中自动模式，仪器会使用内置气象传感器获得的数据自动对测量结果进行修正。在山区测量作业时尤其要注意，不同高程点上的气象条件会有差异。

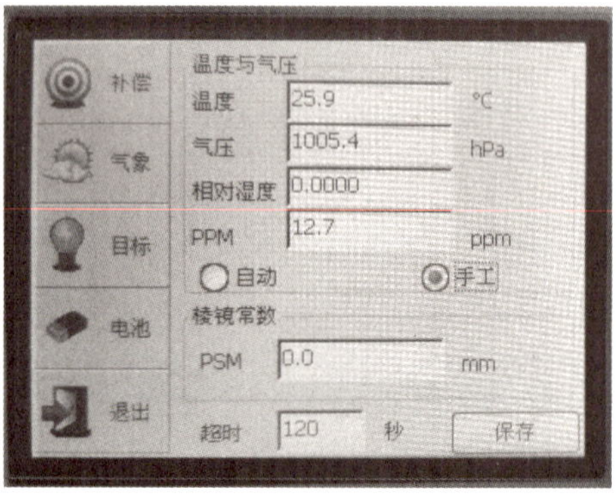

图 5.3.1　全站仪气象设置窗口

图 5.3.2 是某型号全站仪目标类型及激光设置窗口。目标类型有反射片、棱镜、远程棱镜、免棱镜等几种，不同目标类型的测距精度及对应的加常数不同，所以测量前务必选择对应的测量目标类型，否则可能严重影响测量精度，甚至不能成功采集数据。

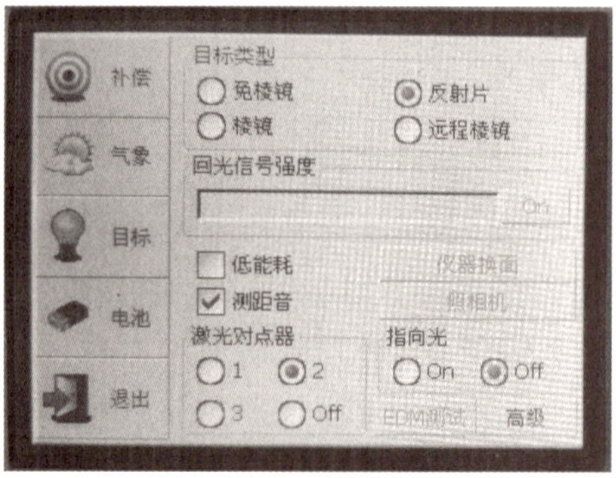

图 5.3.2　全站仪目标类型及激光设置窗口

图 5.3.2 中还有激光对点器和指向光的打开关闭选项。激光对点器可以选择关闭、打开及不同大小的光斑；指向光功能指可以发射可见光，辅助找准目标以方便测量。图中的

“补偿”菜单可以打开全站仪的倾角自动补偿功能。观测时的竖轴误差会对水平角观测值产生影响，因此如果仪器存在整平误差，纵转望远镜也会使水平角观测值产生误差。

改正后水平角值=水平角观测值+倾角/tan(垂直角)

全站仪通过双轴倾斜传感器自动测定仪器整平后竖轴存在的微小倾角，并自动对垂直角和水平角观测值进行误差补偿。当望远镜照准天顶或天底附近时，仪器不对水平角进行补偿。

总之，三维精度数据采集时一定要保证全站仪处于良好的工作状态，并按正常的操作要求完成精度数据采集工作。

5.3.2　精度数据采集软件 IN-CHECK

虽然全站仪基本的测量功能已经非常强大，但船舶建造工程中一个分段的精度管理点通常会非常多，使用基本测量功能采集船舶精度数据会比较烦琐，而且对测量人员的要求比较高。为了提高数据采集的效率，一般借助专用测量软件辅助测量工作，IN 三维精度管理系统中辅助测量软件是 IN-CHECK，它可以收录在全站仪中作为机载软件使用。

IN-CHECK
船舶与钢结构
测量软件说明

1. 船舶精度数据采集的坐标系系统

所有的坐标测量都基于一定的坐标系统。为了与造船企业其他生产部门的数据相统一，精度部门也采用企业的全船统一坐标系对船舶精度进行管理，因此精度数据采集一般也使用这种坐标系。特殊情况下可能会使用局部坐标系，但测量数据可以通过后处理软件转换到全船统一坐标系中。

船体设计坐标系一般是右手螺旋坐标系，它以船体舵杆中心线和基线交点为坐标原点(0,0,0)，船尾向船首为 x 的正方向，向左舷为 y 正方向，z 向上为正，如图 5.3.3 所示。

2. 测量数据文件及其保存位置

坐标测量的算法一般会用到测站点的坐标，IN-CHECK 采用自由设站即后方交会的方法计算测站点的三维坐标，因此全站仪不需要对中操作，只须整平即可。

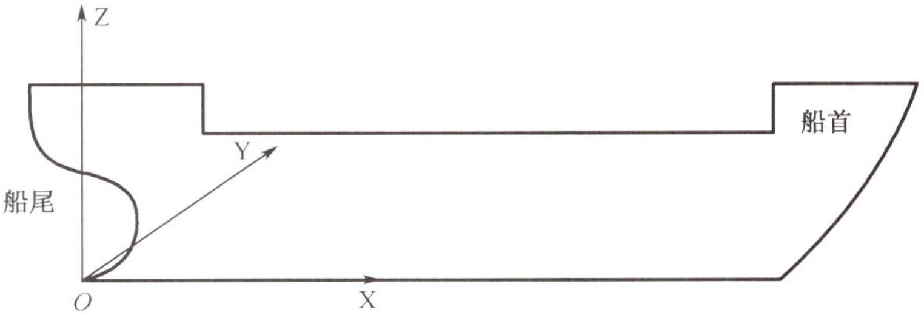

图 5.3.3　船体设计坐标系

自由设站是通过后方交会测量，即对多个已知坐标点的观测来确定出测站点的坐标和完成测站的定向。仪器内存中的坐标数据可以作为已知点数据调用，需要时还可对各观测点的残差情况进行检查。

坐标后方交会测量用于通过对多个已知点的观测确定出测站点的 N、E、Z 坐标。

自由设站一般利用 2~10 个已知点进行后方交会测量。利用 3~10 个已知点进行后方交会测量时可以不必测距,仅利用 2 个已知点时必须测距。

将全站仪置于现场合适位置并整平,开机,在全站仪中双击软件图标运行测量软件,点击"测量"菜单,选择"标准测量",显示仪器类型和当前大气温度,点击"OK"后出现如图 5.3.4 所示 IN-CHECK 的测量数据文件及保存位置对话框,输入实测数据文件名称,测量过程中所有实测数据将自动记录到此文件,可以指定文件存储到存储卡,以免数据意外丢失。

图 5.3.4　IN-CHECK 的测量数据文件及保存位置对话框

3. 建立坐标系

确定测量文件的文件名及保存位置后,进入图 5.3.5 所示坐标系建立方式选择对话框。其中"测量类型"是指基准轴或基准面的建立方式,有"X 轴 1,2"、"X 轴 1,2-Y 轴 3"、"X 轴 1,2-Z 轴 3"、"直接测量"、"多点定面,X 轴 1,2-Y 轴 3"、"Y 轴 1,2-X 轴 3"等 6 种方式,可根据现场测量需要选定。

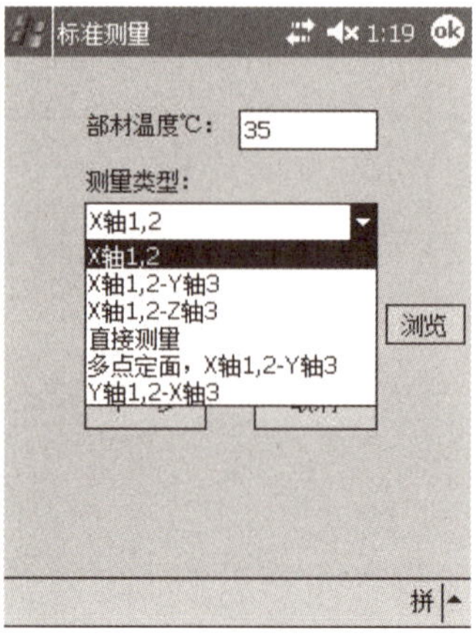

图 5.3.5　坐标系建立方式选择

图 5.3.5 中的"X 轴 1,2"是指通过测量两个点建立坐标系的方法。IN-CHECK 将测量的第一点作为坐标原点,令其坐标为(0,0,0,),而不论其实际实测坐标为何;测量第二点,IN-CHECK 将其坐标定为(L,0,0),其中 L 为第二点与第一点距离的水平投影长度。此模式下,IN-CHECK 默认将 Z 轴定义为垂直于水平面,故此时已经建立了如图 5.3.6 所示的坐标系。

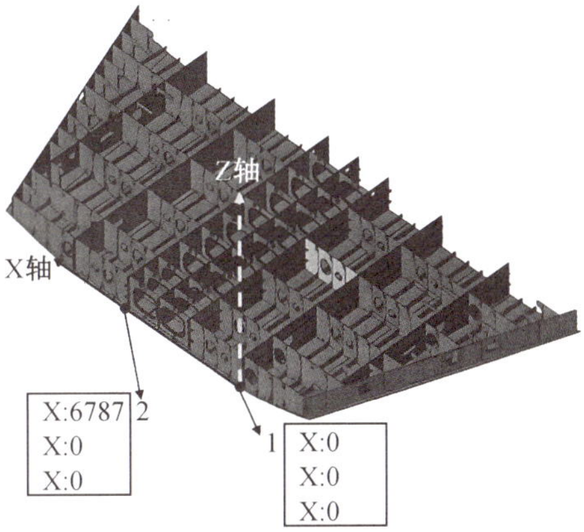

图 5.3.6　"X 轴 1,2"方式建立坐标系

一般当参考平面为水平面时,多可采用"X 轴 1,2"方式定义坐标系。比如将倾斜分段调整为水平分段,定义水平坐标系后,只须将各点 Z 值调整到一致即可完成水平调整。

图 5.3.5 中第二项"X 轴 1,2-Y 轴 3"指通过测量前三个点建立一个倾斜于水准面(地面)的坐标系的方法。如图 5.3.7 所示,测量的第一点为坐标原点坐标为(0,0,0),测量的第二点在 X 轴正方向上(不需要投影点),测量的第三点在 Y 轴正方向上。当船舶分段具有倾斜的参考面时,可以用此方式建一个和分段参考面相同斜率的坐标系,不但可以测量分段整体空间结构,还可以划余量线,测量斜率等。

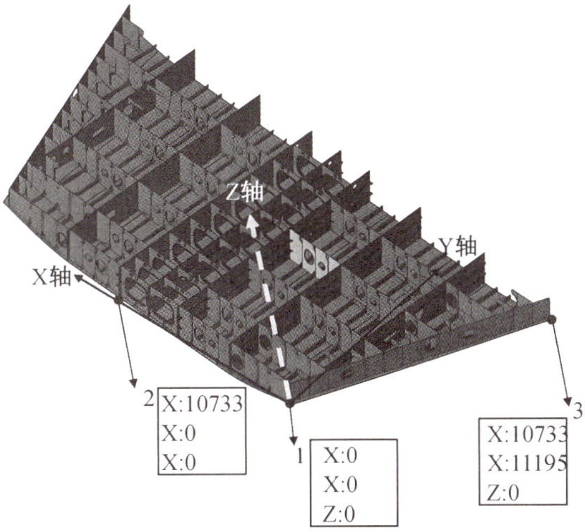

图 5.3.7　"X 轴 1,2-Y 轴 3"方式建立坐标系

对于一端修好而另外一端有余量的分段,采用“X 轴 1,2-Y 轴 3”坐标系测量类型可以检查余量情况,如图 5.3.8 所示。在修整准确一端选取三个强结构交点,建立 X1,2-Y3 坐标系,通过右手准则判断出 Z 轴正方向,Z 轴和分段具有相同斜率;测量有余量检查点,比较 Z 值,根据相同 Z 值可确定出余量线位置。

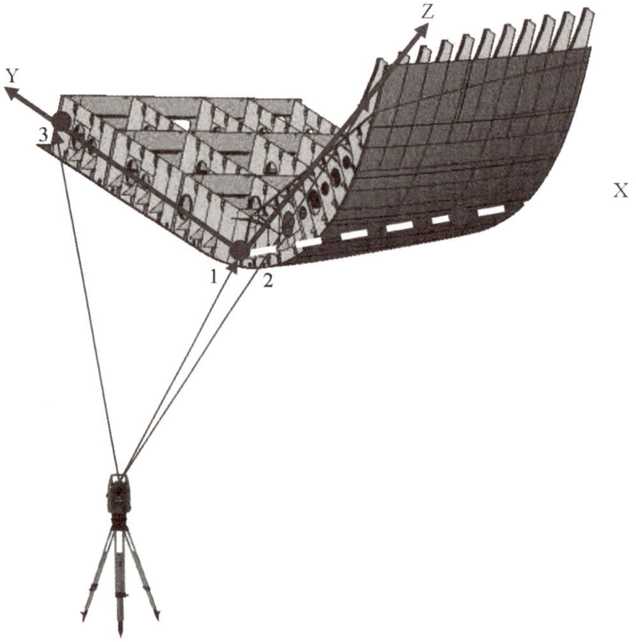

图 5.3.8 “X 轴 1,2-Y 轴 3”方式分段余量检查

注意,查看端面某坐标轴数据时,一定要同时注意另外两坐标轴数据,综合 X、Y、Z 三维空间数据才能准确判断分段余量、变形量。

采用“X 轴 1,2-Y 轴 3”坐标系的建立方式也可以进行水线相关测量。如图 5.3.9 所示,对于倾斜船体,在船体外底板底部测量两个点,建立 X 轴 1,2 坐标系,测量第三点,确定 Y 轴方向,XOY 面和船体有相同斜率。测量船体第一条水线位置为基准坐标,不同的水线其 Y 坐标不同,但相同水线上的点其 Y 坐标必相同,故确定不同高度水线上的所有点。

按图 5.3.5 中第六项“多点定面 X 轴 12-Y 轴 3”的方式建立坐标系,在图 5.3.10 中选择拟合方法,然后点击“测量”按钮,会根据测量的多个点确定一个平面。平面的法向正向以测量的前三个点的逆时针右手拇指方向为正。测量平面时的点坐标记录在以“文件名+定面. mes”命名的文件中。

点击下一步,进入 X1,2-Y3 测量界面,测量的第一点在上一步已确定的平面上的投影为坐标原点,测量的第二点在上一步已确定的平面上的投影为 X 轴正方向,测量的第三点在上一步已确定的平面上的投影为 Y 轴正方向。注意第一步和第二步确定平面的法向必须一致,否则测量结果错误。

“多点定面 X 轴 1,2-Y 轴 3”方式建立坐标系主要用于平面度检测,用最小二乘法做一个平面拟合,然后所定坐标系就在此拟合平面上,其他所测量的点是相对于此拟合平面的偏移量。

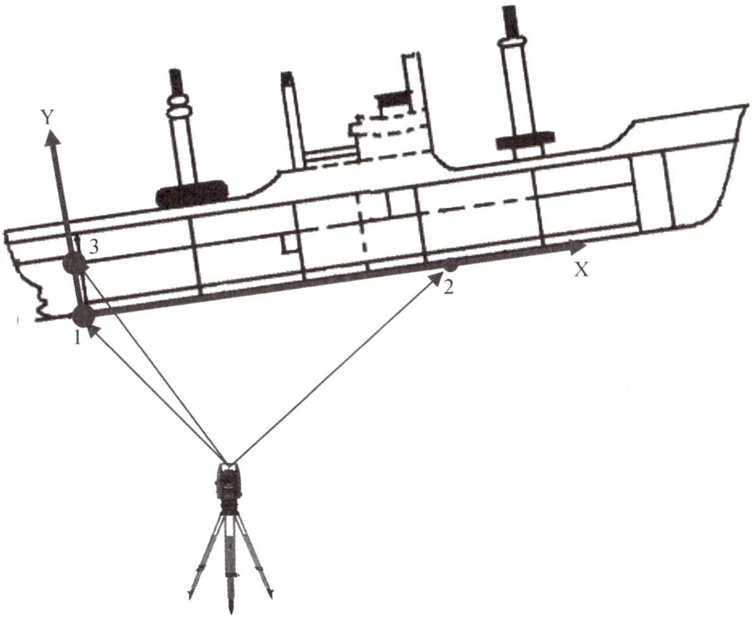

图 5.3.9　“X 轴 1,2-Y 轴 3”方式水线测量

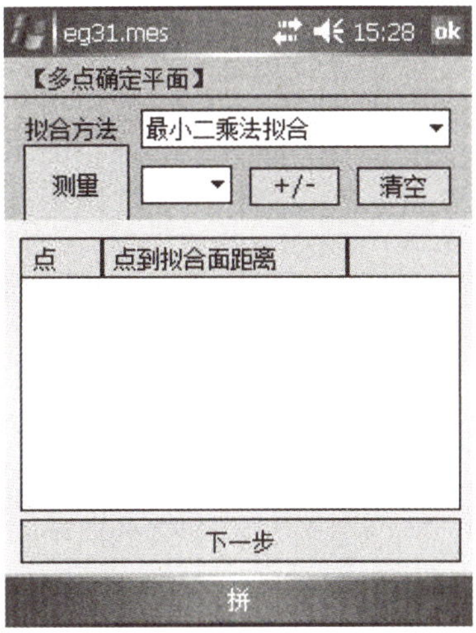

图 5.3.10　“多点定面 X 轴 1,2-Y 轴 3”方式建立坐标系

图 5.3.5 中其他选项是坐标系不同的建立方式,原理类似,不再赘述。

4. 坐标数据采集

建立坐标系后,选择对应的标靶形式就可以按对话框的提示采集精度管理点坐标了。将反射片(图 5.3.11)圆心精确放至测点位置,在全站仪 IN-CHECK 界面点击“测量”,测出坐标,点击“确定”将坐标实时存入数据文件,以防止意外丢失。

图 5.3.11　反射片

数据采集的作业过程中会遇到许多复杂情况。很多情况下在一个测站并不能观测到所有的精度管理点，比如对分段的一侧已经测量完毕、需要测量分段的另一侧，这时需要将全站仪移动到另一个更有利的观测位置，也就是需要将全站仪搬到第二个测站，这需要用到搬站测量的方法。

在标准测量界面中，该测站目标点测量完毕后，需要在现场布置 2~3 个临时转站点（一般用旋转标靶在分段上适当位置布置），测量各临时转站点坐标，并记录对应点号。临时转站点的坐标用于恢复坐标系；注意，在布置转站点时，转站点不要与全站仪处于同一条直线上，必须成三角形分布，尽量形成良好的测量三角形条件以保证精度，并确保搬站前后视线通透。

转站点测量完毕后，在标准测量界面点击“退出”按钮退回到程序主界面（图 5.3.12），但不要关闭程序。搬动全站仪至分段另一侧合适位置，整平仪器之后，顺序点击“测量”“搬站测量”，对各转站点进行坐标复测测量时应注意对话框的提示，观测目标要与点号对应。

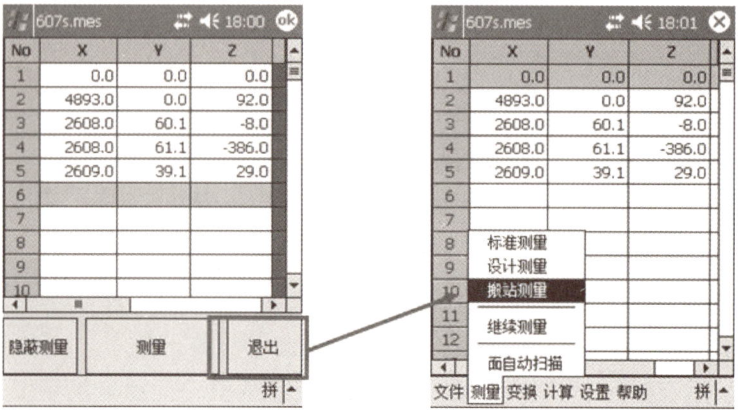

图 5.3.12　搬站测量菜单

测量完毕后，点击“计算”按钮（图5.3.13），系统会显示搬站误差，误差在允许范围内表示成功，点击“是”接受，否则需要重测转站点。如果多次测量仍误差较大，说明这几个转站点中有些转站点有人为移动，转站失败，这种情况损失较大，误差较大导致了数据采集工作失败，因此所有已测数据失效，需要从头再来。

点击“继续”按钮，进入标准测量界面，此时搬站成功，搬站前后各点坐标即处于同一坐标系中，然后对其他未测精度管理点（分段另一侧）依次进行测量即可。

数据采集工作完成后，测量的数据文件应及时拷贝至U盘，供以后精度分析使用。

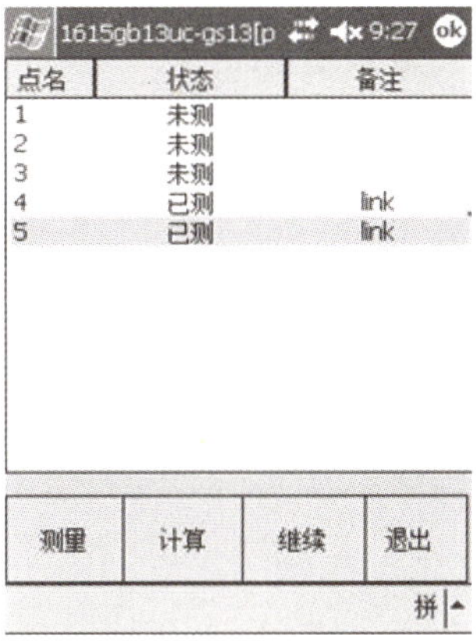

图5.3.13　搬站测量对话框

【任务小结】

本小节主要介绍了船舶分段的三维数据采集的实施。船舶分段的三维数据采集多采用全站仪测量系统，在全站仪中收录了IN系统的IN-CHECK船舶三维精度测量软件，使用IN-CHECK可以大大方便船舶三维数据的采集，减少错误的几率，提高测量的效率。全站仪作为一种高精密的现代测量仪器，设计复杂、制造精密，其内部的设置项比较复杂，在数据采集之前必须检查各种设置正确与否，确保仪器处于良好的状态。

数据采集时必须保证每一个数据的正确性，为此要求数据的采集必须由专业人员进行，在熟悉全站仪的基础上还应熟练掌握IN-CHECK的使用，避免人为失误。使用IN-CHECK时，重点是要了解其建立坐标系的几种方式，并掌握需要搬站测量时的操作特点。

在数据采集的过程中，应注意测量小组人员之间的协调，尽量减少施工现场的干扰。

【综合练习】

填空题	总结
1. IN精度管理系统中对应的船舶测量软件是__________。 2. 全站仪目标类型有反射片、棱镜、远程棱镜、免棱镜等几种，船舶三维数据采集所使用的目标类型大多是__________。 3. 全站仪的__________功能指可以发射可见光，辅助找准目标以方便测量。 4. IN-CHECK采用自由设站即后方交会的方法计算测站点的三维坐标，因此全站仪不需要__________操作，只须整平即可。 5. 当船舶分段具有倾斜度的参考面时，在IN-CHECK中可以使用__________方式建立坐标系。	

（续）

问答题	
1. 使用 IN-CHECK 进行分段精度数据采集时，建立坐标系有几种方式，分别适用于什么样的场景？ 2. 在分段精度数据采集时，如果需要变更测站点，应该怎样操作？其原理是什么？	

任务5.4　分段三维精度分析

• 基本知识

分段的精度管理点数目较多，可能多至几十甚至几百个，因此数据的分析几乎不可能手工完成，需要借助计算机软件。IN 系统进行分段三维精度分析的软件是 IN-ANALY，主要使用其“变换”“计算”等菜单中的相关功能来实现。

5.4.1　IN-ANALY 的“变换”菜单

对分段采集的数据是精度管理点的坐标，由于测量时一般采用的是局部坐标系，所以各精度管理点的实测坐标其实不等于其在船舶总体坐标系中的坐标，因此不能直接通过比较各点的实测坐标与理论坐标的偏差来分析分段建造精度。但可以对实测坐标数据进行一些处理，比如通过坐标变换，将各点实测坐标变换到最接近理论坐标的情况，同时通过计算机图形显示误差辅助精度分析。

IN-ANALY 的“变换”菜单提供了各种坐标变换工具来实现上述目的，提供的变换方式主要有“一点移动”“两点移动”“三点移动”“一点位移”“两点位移”“三点位移”“一点角度”“两点角度”“简单调整”等。

“一点移动”（图 5.4.1）是将分段某个实测精度管理点与其理论位置重合的操作，变换后会将指定的实测点与指定的目标点重合。IN-ANALY 会由此计算实测坐标变换到理论坐标的变换矩阵，并将所有点的实测坐标同时进行相同的变换，这样可以保证分段的实测形状不发生变化。

“两点移动”（图 5.4.2）是将两条线进行重合的操作，一般可在实测点中选中两点 A、B，使其与设计点 A'、B'（理论位置）重合，变换后移动点 A 与 A' 重合，两条直线共线（重合），实现线对正。IN-ANALY 会由此计算坐标系的变换矩阵，并将所有点的实测坐标同时进行相同的变换，在保证分段的实测形状不发生变化的前提下将实测分段与理论位置进一步重合。

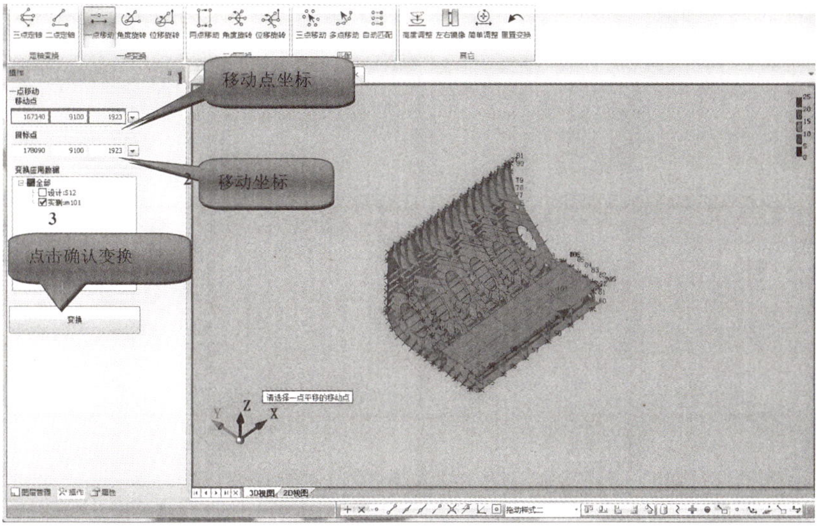

图 5.4.1　“一点移动”对话框

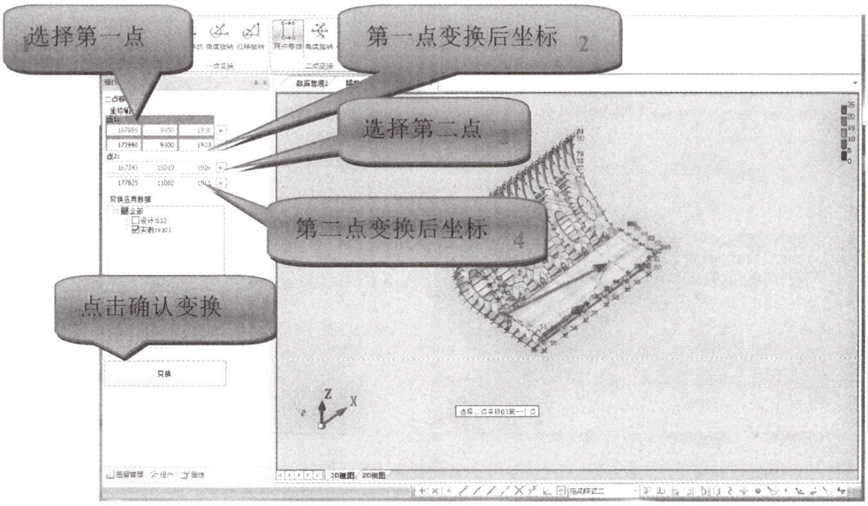

图 5.4.2　“两点移动”对话框

类似的,“三点移动”是将两个面进行重合的操作,不再赘述。

“一点位移旋转”(图 5.4.3)是绕过某一点 *A* 的标准轴(*X* 轴、*Y* 轴或 *Z* 轴之一)进行旋转,使目标点 *B* 的某一位移分量(*X*、*Y* 或 *Z*)通过旋转的方式移动一定的距离,适合于实测分段位置出现扭转的情况。

IN-ANALY 会根据点 *B* 所需移动的位移计算坐标系的变换矩阵,并将所有实测点的坐标同时进行相同的变换,在保证分段的实测形状不发生变化的前提下将实测分段与理论位置进一步重合。

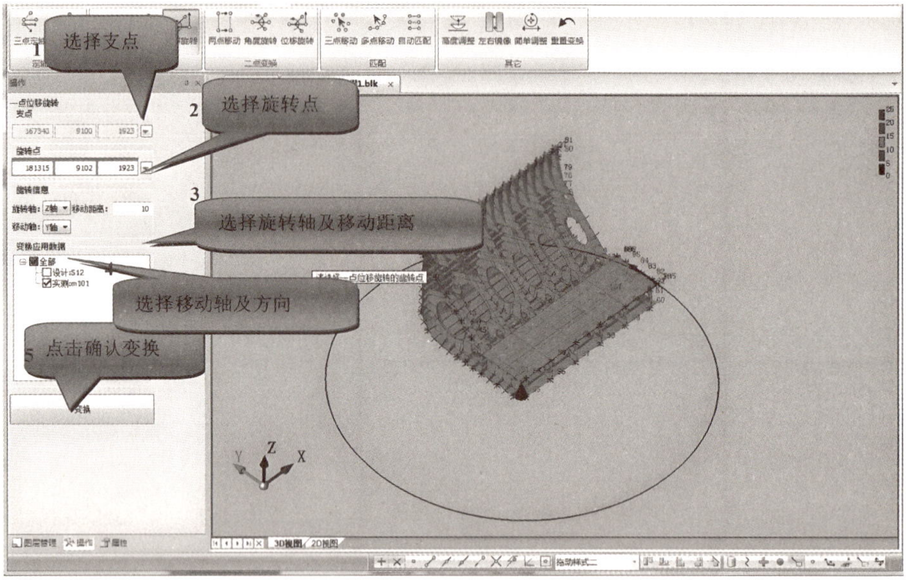

图 5.4.3 “一点位移旋转”对话框

有时实测分段会扭曲得特别严重，单一绕过某点 *A* 的 *X* 轴、*Y* 轴或 *Z* 轴之一进行旋转不能达到重合的目的，除非可以重新定义任意的旋转轴，这可以通过“两点位移旋转”（图 5.4.4）功能达到目的。激活“两点位移旋转”按钮，选中合适的 *A*、*B* 两点定义旋转轴，指定点 *C* 并确定其坐标需要变换的分量及大小，点击“变换”按钮完成操作。

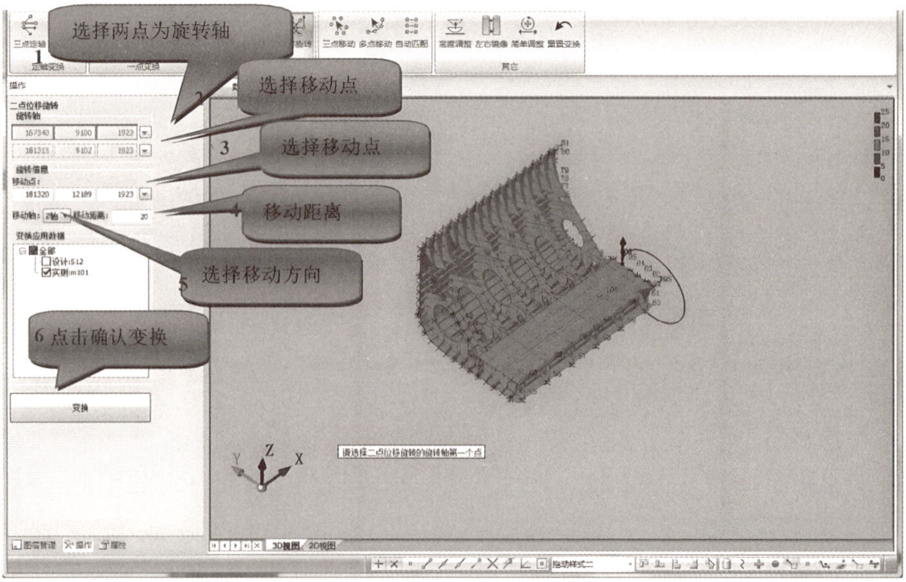

图 5.4.4 “两点位移旋转”对话框

“自动匹配”的目的是将实测分段与设计分段重合,即软件会根据模型精度管理点的理论坐标和实测坐标,按照一定的算法自动计算误差,给出最佳的匹配结果,其本质是改变了实测精度管理点的坐标,匹配成功之后实测精度管理点的坐标其实已经改变。

新建分段精度分析工程后,在导入实测数据时系统会提示是否需要系统自动匹配,允许即可。有的时候自动匹配不一定成功,这时需要手动进行匹配,一般可以使用“三点自动匹配”功能,也可以使用其他坐标变换功能实现匹配。

其他如“简单调整”“多点自动匹配”等坐标变换功能可以根据实际需要来使用。

5.4.2　IN-ANALY 的“绑定”菜单

利用变换菜单加实测精度管理点尽量匹配设计位置之后,就需要进一步进行精准的分析,我们希望系统能够直接给出对应点的坐标误差值,这通过软件的“绑定”功能来实现。

“距离绑定”(图 5.4.5)功能用来确定实测点与精度管理点的一对一关系,一般实测点的坐标与其设计坐标误差不大,在一定的容差之下,系统可以自动判断,让最接近的设计点和实测点建立“绑定”关系。

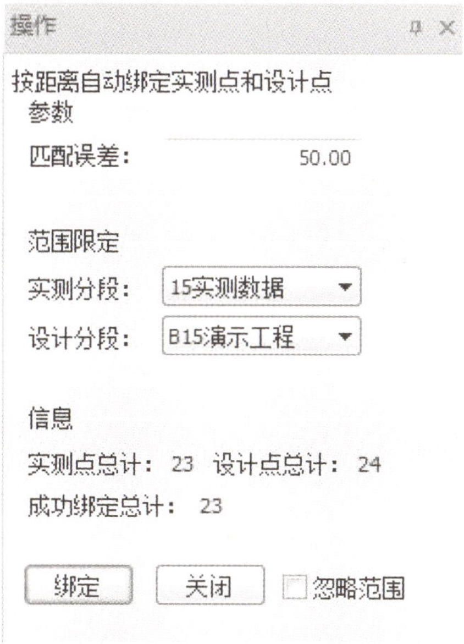

图 5.4.5　“距离绑定”对话框

“距离绑定”对话框中可以指定匹配误差,并给出预估的成功绑定信息,如果认可系统计算的结果,需要点击“绑定”按钮确定。

距离绑定之后的结果是有可能出现错误的,还需要人为逐个核查、调整,删除多余的绑定关系,新建实际应该存在的绑定关系。因为理论上一个精度管理点有可能会测量多次,一般最后一次的测量值才会与这个精度管理点相对应。在建立绑定关系时,软件有时候会将一个设计点绑定多个实测点,有时候会将一个实测点绑定多个设计点,从逻辑上来讲,这些绑定关系是存在错误的,因为一个精度管理点只有一个实测的数据是准确的。

总之绑定关系只能一一对应,不能一对多,也不能多对一;需要调整绑定关系时需要使用“手动绑定”功能(图 5.4.6)。

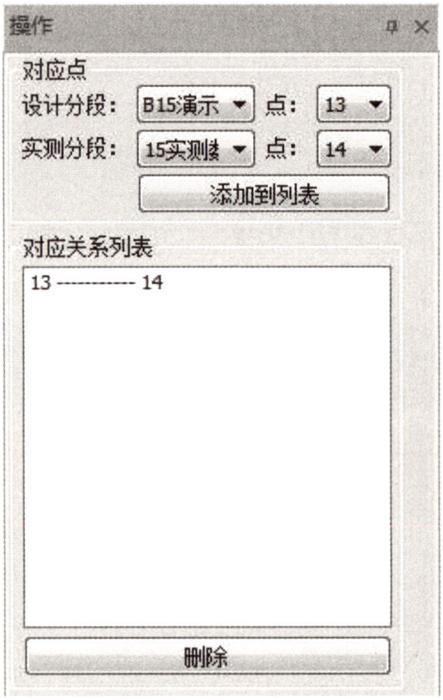

图 5.4.6 “手动绑定”对话框

绑定之后,图形界面上会显示实测点与设计坐标误差值,方便进一步进行误差分析。

这样经过仔细的调整,逐步提高匹配的精度,达到最佳的匹配情况,就可以为下一步出精度分析报表做准备。

5.4.2 IN-ANALY 的“计算”菜单

由于系统计算出的坐标误差值不是特别直观,一般各生产单位需要的是具体的尺寸误差值,比如长度的大小、角度的偏差、直线度、平面度等,所以 IN-ANALY 提供了“计算”菜单,可以利用匹配结果计算出这些尺寸误差值。

“两点距离”(图 5.4.7)功能用于计算两点之间的距离,并需要定义距离的名称以存入数据库,该计算的结果可以输出到数据报表和综合报表中,比如分段的长度、宽度、高度等尺寸等都可以通过定义两点之间的距离来计算,并输出到报表。

“面夹角”功能用于计算两个面形成的夹角,因此可以用来检查两个面的垂直度等精度检查项目,其中两个平面需要指定若干点进行拟合,两个平面的夹角的计算结果可以定义名称保存到计算机中,也可以输出到数据报表和综合报表中。

“平面度”(图 5.4.8)功能用于计算某个检查面的平面度。在精度检查时一般会对该平面设置若干精度管理点,并在现场进行数据采集。

该功能对话框稍微复杂,激活该命令之后需要先定义平面度名称,在检查面项定义“板厚”值,平面度计算结果会加上板厚值,若要输入负值可直接在数值前加上负号(-),若不考虑板厚可忽略不添加。

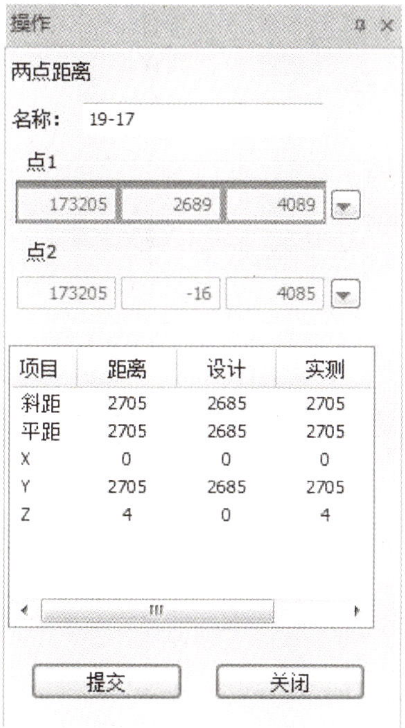

图 5.4.7　“两点距离”计算对话框

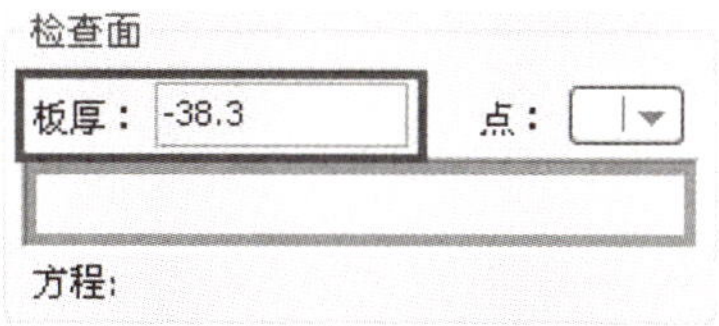

图 5.4.8　“平面度”检查面对话框

然后在视图区域内选择一个模型面或拟合面,或者利用“点按钮”选择点或在视图区域内点选、框选多个设计点(实测点)。若想删除已选择的点,可按住 Shift 键并单击欲删除的点。

然后选择检查点(图 5.4.9)。可以使用“智能捕捉”,根据输入范围,检测出在此范围内的实测点,并作为检查点;也可以在视图区域内点选或框选多个实测点。

若想删除已选择的检查点,可按住 Shift 键并单击欲删除的点。

确定了检查点后,程序会检测是否已经选择了检查面,若有检查面则自动计算出结果。

点击“提交”按钮可将计算的结果提交至输出表格,重新选择点可继续进行计算。名称下拉列表实时添加此次提交的平面度名称,选择后可对其进行编辑。

IN-ANALY 的“计算”菜单还设计了其他计算功能,如点到直线距离、点到平面距离、多点面积计算、多点体积计算、胎架计算、曲线长度、圆心计算等,可以根据需要使用。

总之，计算菜单的功能是在对分段数据精确匹配和距离绑定之后所做的进一步精度分析，其目的是得到更为直观的长度、距离、角度、平面度等精度分析结果，并作为后续输出精度报表的依据。

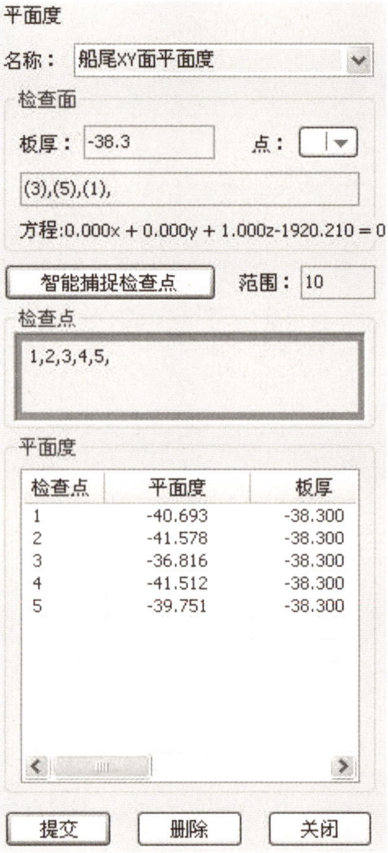

图 5.4.9　“平面度”检查点对话框

5.4.3　精度分析结果的导出

借助 IN-ANALY 的各项功能，可以根据需要对具体分段的精度进行分析，精度分析的原则是得到分段制造的精度情况，并给出最佳的修整方案。最佳的修整方案应该是返工工作量最少的方案，精度管理点误差最小的方案不一定就是最佳修整方案，因为各精度管理点返工修整的工作量是不一样的。

得到最佳的精度分析结果后，就需要出精度分析的报表以指导分段修整施工，如果分段精度检查合格则需要给出合格的精度分析报表，这样精度良好的分段才能进入下一道工序。

精度分析报表显然应当符合造船企业的管理要求，精度管理部门应设计符合施工管理要求的精度报表模板，并在 IN-ANALY 系统中设计各种报表，因此也直接对 IN-ANALY 系统的报表输出功能提出了较高的要求。

IN-ANALY 系统可以提供图形报表、数据报表及综合报表等各种报表输出样式，并可以根据需要在报表中添加各种精度检查项目，如直线的长度、面的平整度、面的垂直度等。使用 IN-ANALY 系统的报表功能前，计算机需要首先安装对应版本的 Excel。

点击“数据报表”按钮可生成数据报表（图 5.4.10），在需要输出的项目前面打勾或全部选中。

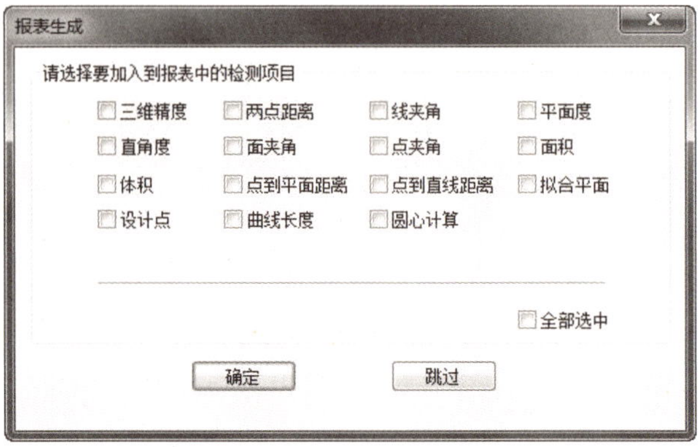

图 5.4.10　“报表生成”输出项对话框

点击确定后生成的数据报表样式如图 5.4.11 所示。

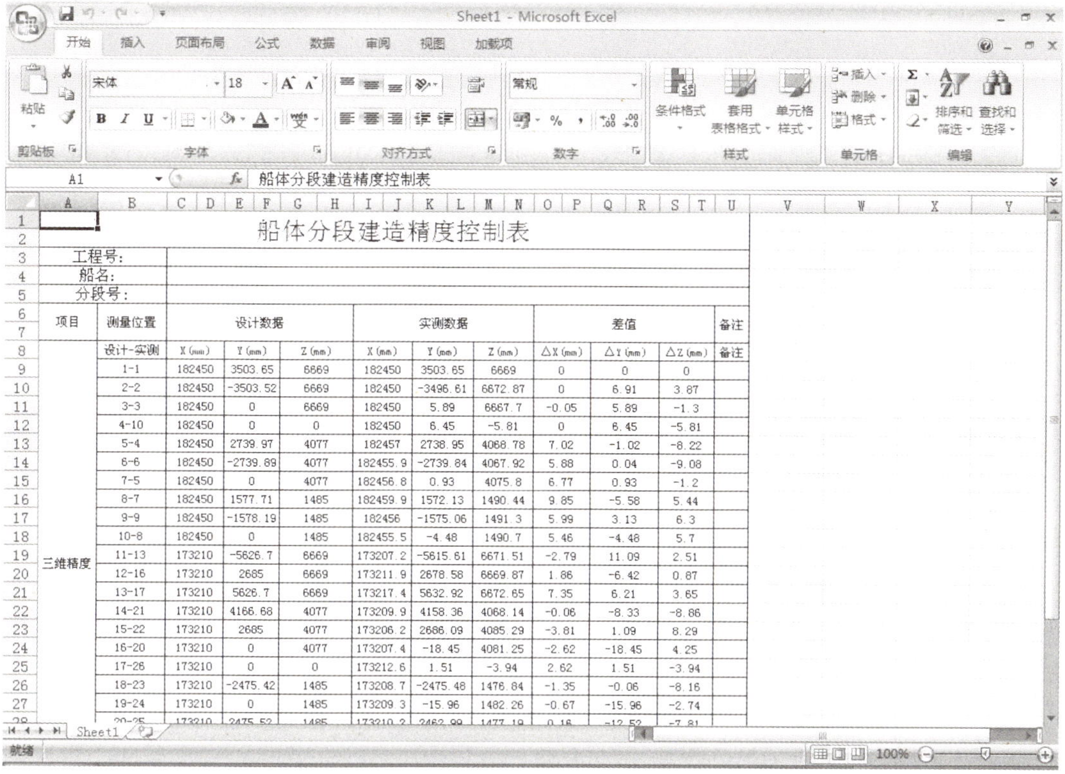

船体分段建造精度控制表

项目	测量位置	设计数据			实测数据			差值			备注
工程号:											
船名:											
分段号:											
	设计-实测	X (mm)	Y (mm)	Z (mm)	X (mm)	Y (mm)	Z (mm)	△X (mm)	△Y (mm)	△Z (mm)	备注
三维精度	1-1	182450	3503.65	6669	182450	3503.65	6669	0	0	0	
	2-2	182450	-3503.52	6669	182450	-3496.61	6672.87	0	6.91	3.87	
	3-3	182450	0	6669	182450	5.89	6667.7	-0.05	5.89	-1.3	
	4-10	182450	0	0	182450	6.45	-5.81	0	6.45	-5.81	
	5-4	182450	2739.97	4077	182457	2738.95	4068.78	7.02	-1.02	-8.22	
	6-6	182450	-2739.89	4077	182455.9	-2739.84	4067.92	5.88	0.04	-9.08	
	7-5	182450	0	4077	182456.8	0.93	4075.8	6.77	0.93	-1.2	
	8-7	182450	1577.71	1485	182459.9	1572.13	1490.44	9.85	-5.58	5.44	
	9-9	182450	-1578.19	1485	182456	-1575.06	1491.3	5.99	3.13	6.3	
	10-8	182450	0	1485	182455.5	-4.48	1490.7	5.46	-4.48	5.7	
	11-13	173210	-5626.7	6669	173207.2	-5615.61	6671.51	-2.79	11.09	2.51	
	12-16	173210	2685	6669	173211.9	2678.58	6669.87	1.86	-6.42	0.87	
	13-17	173210	5626.7	6669	173217.4	5632.92	6672.65	7.35	6.21	3.65	
	14-21	173210	4166.68	4077	173209.9	4158.36	4068.14	-0.06	-8.33	-8.86	
	15-22	173210	2685	4077	173206.2	2686.09	4085.29	-3.81	1.09	8.29	
	16-20	173210	0	4077	173207.4	-18.45	4081.25	-2.62	-18.45	4.25	
	17-26	173210	0	0	173212.6	1.51	-3.94	2.62	1.51	-3.94	
	18-23	173210	-2475.42	1485	173208.7	-2475.48	1476.84	-1.35	-0.06	-8.16	
	19-24	173210	0	1485	173209.3	-15.96	1482.26	-0.67	-15.96	-2.74	
	20-25	173210	2475.52	1485	173210.2	2462.99	1477.19	0.16	-12.52	-7.81	

图 5.4.11 数据报表样式示例

“图形报表”按钮可生成图形报表,点击后出现如下对话框,选择要加入报表的分段文件图片,默认为 2 张,如 5.4.12 所示,也可以选择跳过,手动插入选择的图片。

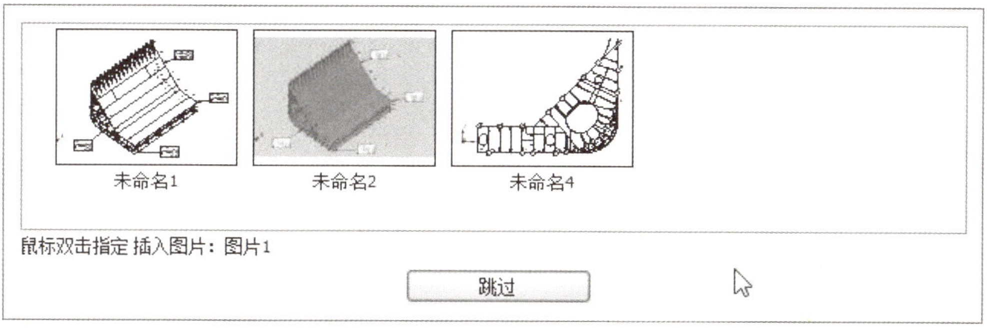

图 5.4.12 图形选择对话框

生成报表如图 5.4.13 所示。

“综合报表”功能则会生成既含有数据又含有图形的报表,精度数据更详尽,图形更直观,使用也更为方便。

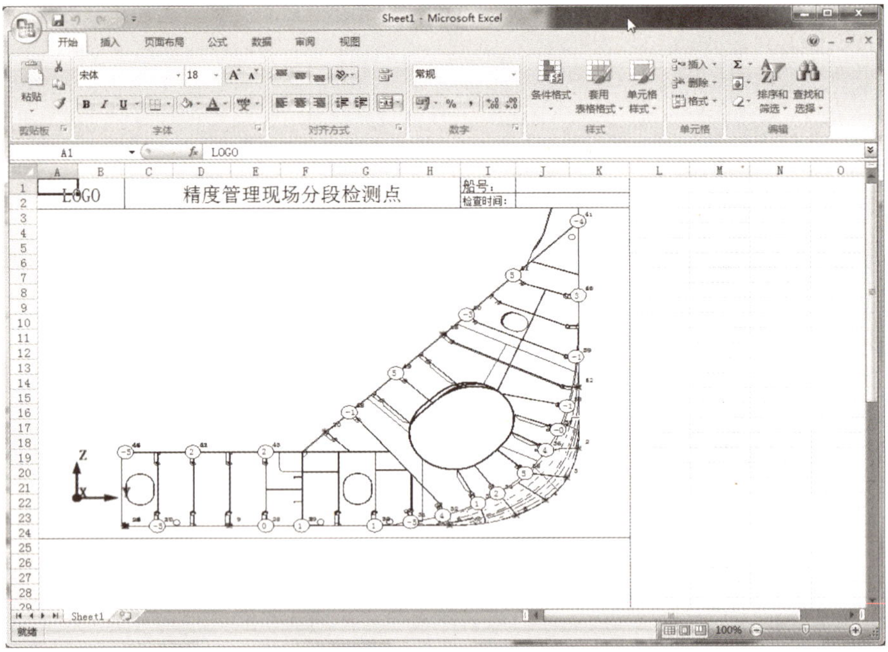

图 5.4.13　图形报表样式示例

点击“保存”按钮，并指定文件名，IN-ANALY 将当前精度分析状态保存为 *.ana 文件，在后续的模拟搭载分析中使用。

【任务小结】

本小节主要介绍了船舶分段的三维精度分析过程。在三维数据采集之后，需要对采集的数据进行分析才能得到分段建造的精度情况。

三维数据分析需要采用 IN 系统中的 IN-ANALY 软件。分段的三维精度分析虽然使用计算机作为分析工具，但主要体现的是人的思维，也就是说分段的精度情况是由人的思维来做最终判断。

IN-ANALY 软件分段做精度分析主要使用的是“变换”菜单，主要目的是调整实测点与其理论位置的坐标差，系统提供的变换方式主要有“一点移动”“两点移动”“三点移动”“一点位移”“两点位移”“三点位移”“一点角度”“两点角度”“简单调整”等。

“绑定”功能用来建立实测数据与理论数据之间的关系，绑定之后对应的 2 点之间的坐标差就会直观地显示出来。绑定关系应该是一一对应的，因此对绑定关系应逐一进行审核，确保无误。

精度分析的原则是尽量减少返工的工作量，而不是追求尽量减少坐标误差，因此精度分析时还要考虑工艺问题。

精度分析的结果要出精度检查报表，对于精度不合格的分段，精度检查报表作为修整工作的依据；对于合格的分段，精度检查报表作为进入下一道工序的依据。IN-ANALY 也有丰富的报表制作、编辑、修改等功能。

【综合练习】

填空题	总结
1. 分段精度数据采集一般采用__________坐标系,所以各精度管理点的实测坐标其实不等于其在船舶总体坐标系中的坐标。 2. IN-ANALY 中,“标注”菜单下的__________功能是将两条线进行重合的操作。 3. __________不成功时,一般可以使用“三点自动匹配”功能。 4. __________功能用来确定实测点与精度管理点的一对一关系。 5. IN-ANALY 的“计算”菜单,可以计算长度、角度、直线度、______等。	
问答题	
1. 请说明 IN-ANALY 进行分段精度分析的基本步骤。 2. 在修正绑定关系时要考虑哪些因素? 3. 通过变换菜单可以调整绑定误差,请总结调整分段位置的基本原则有哪些。	

任务5.5 分段模拟搭载分析

• 基本知识

船体分段经过精度检测合格之后,可以借助计算机进行模拟搭载,也就是利用计算机进行预拼装仿真。模拟搭载是为了检查基础分段与搭载分段的结合情况,准确发现模拟分段安装时偏差、积累误差消除、指导分段二次修割。IN 系统中进行分段模拟搭载的软件是 IN-ASSEM,模拟搭载的结果可以以图片和文件的格式进行输出。

搭载模拟是以设计坐标为依据,以实测坐标为比较对象进行的。进行模拟搭载的一般步骤是,打开 IN-ASSEM 后,新建搭载工程,导入相邻两个分段模型的精度数据,然后利用软件相关功能确定搭载面,进行相应的计算和显示,直观地得到模拟搭载的结果。

系统默认搭载顺序是按照 *.ana 分段文件导入的先后顺序,后导入分段往前导入分段搭载,搭载模拟可以有几种操作方式。

5.5.1 导入搭载分段

打开 IN-ASSEM 软件,点击“新建模拟搭载”进入软件操作界面(图 5.5.1)。

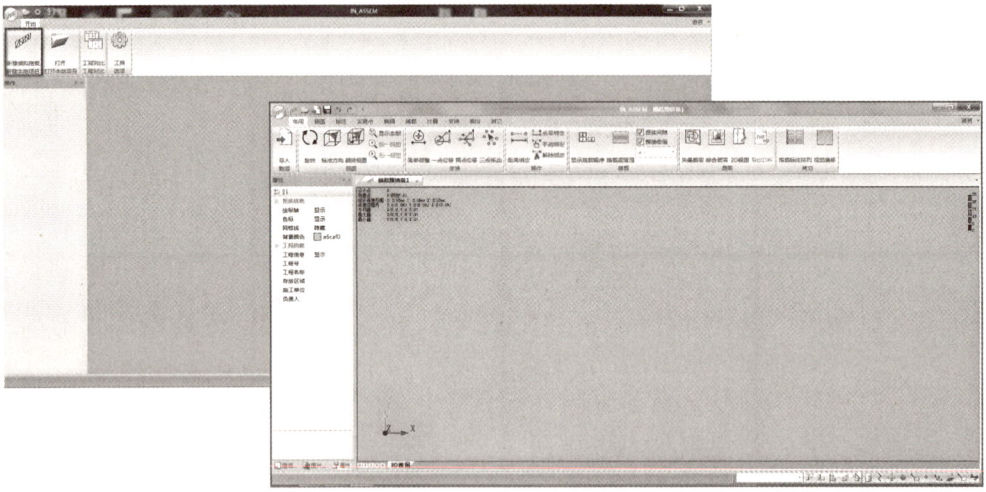

图 5.5.1 新建模拟搭载

导入需要模拟搭载的基础分段,点击“导入数据”,浏览需要导入的分段分析数据(*.ana 格式),点击“打开”,选择属性(一般默认即可),点击“确定”按钮即可导入(图 5.5.2)。

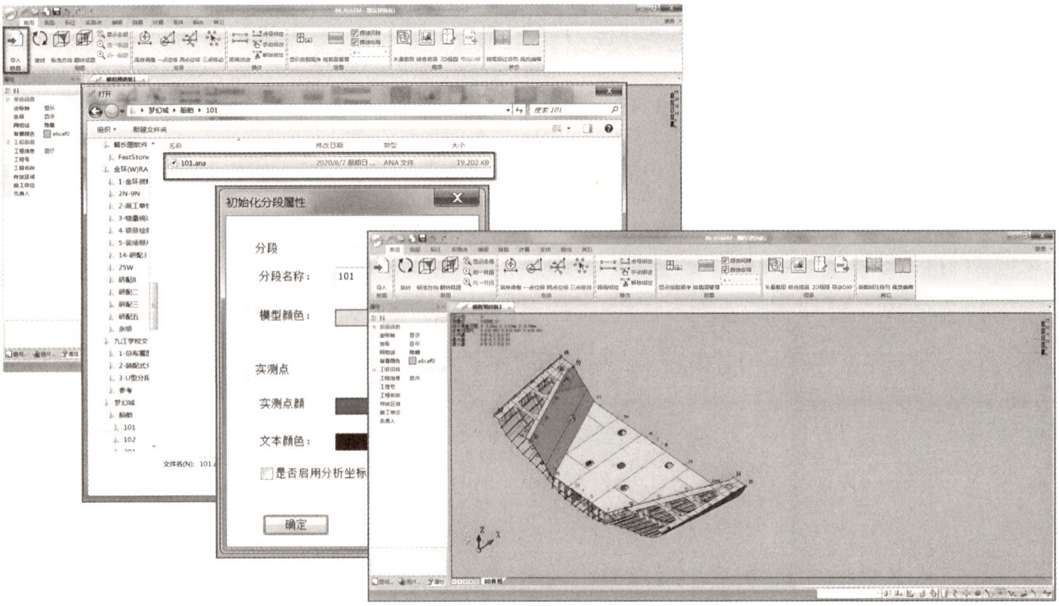

图 5.5.2 导入基础分段

导入需要模拟搭载的搭载分段，步骤同上(图 5.5.3)。

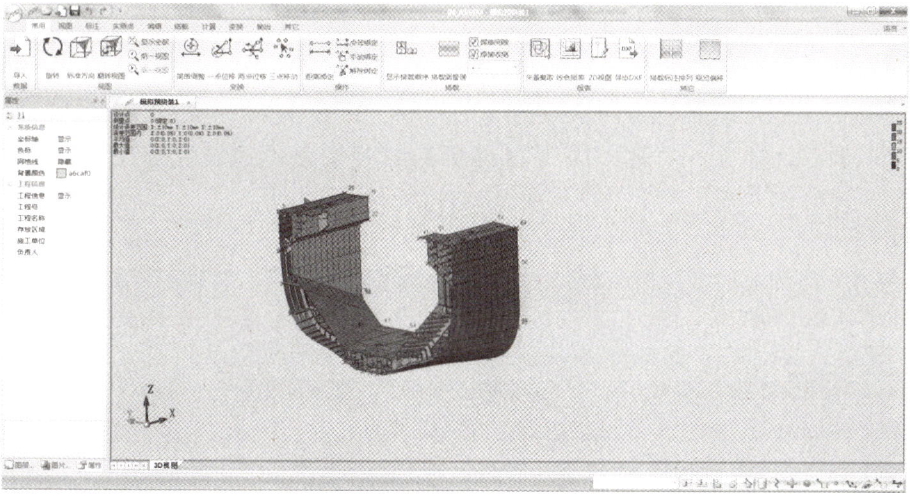

图 5.5.3　搭载分段导入效果

5.5.2　调整视图观察效果

为便于观察，使用“视觉偏移”功能调整模型位置，如图 5.5.4 中需将 201 分段延 Z 轴方向偏移一定距离。根据软件算法，“视觉偏移”并未改变各点实际坐标，所以并没有实际改变分段间的空间相对关系。

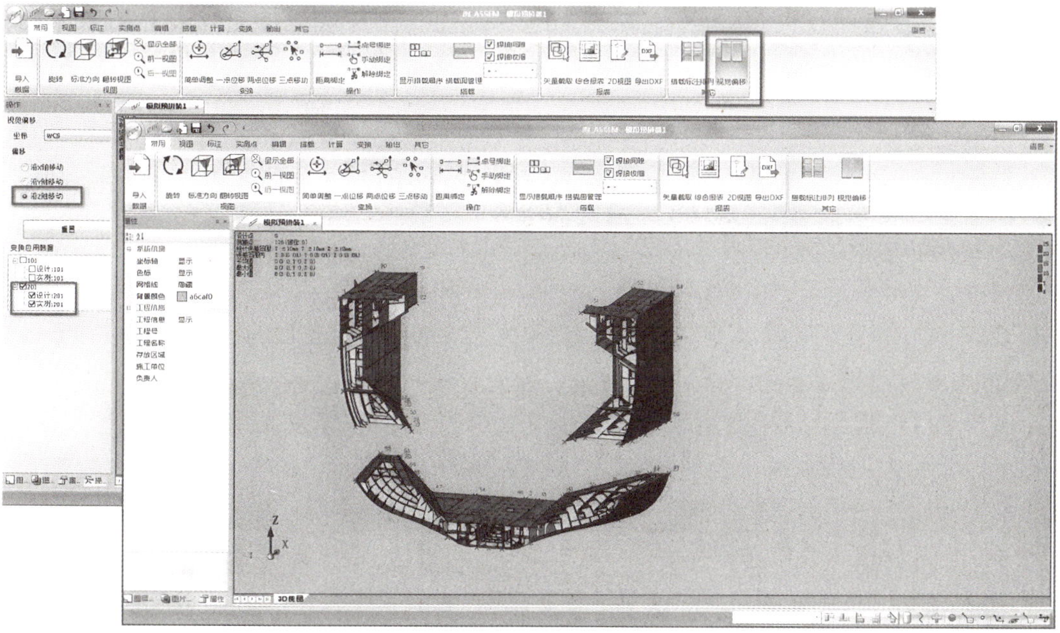

图 5.5.4　视觉偏移效果

如有必要，导入其他需要模拟搭载的分段，点击“显示搭载顺序”可以显示各分段的名称和搭载顺序。

5.5.3 建立对应点的绑定关系

为了观察匹配误差，需建立对应点的绑定关系。使用“距离绑定”功能，选择合适的“匹配误差”（一般默认即可）—“范围限定”（即绑定的对象）—“拼接设置”，点击“绑定”（图5.5.5）。

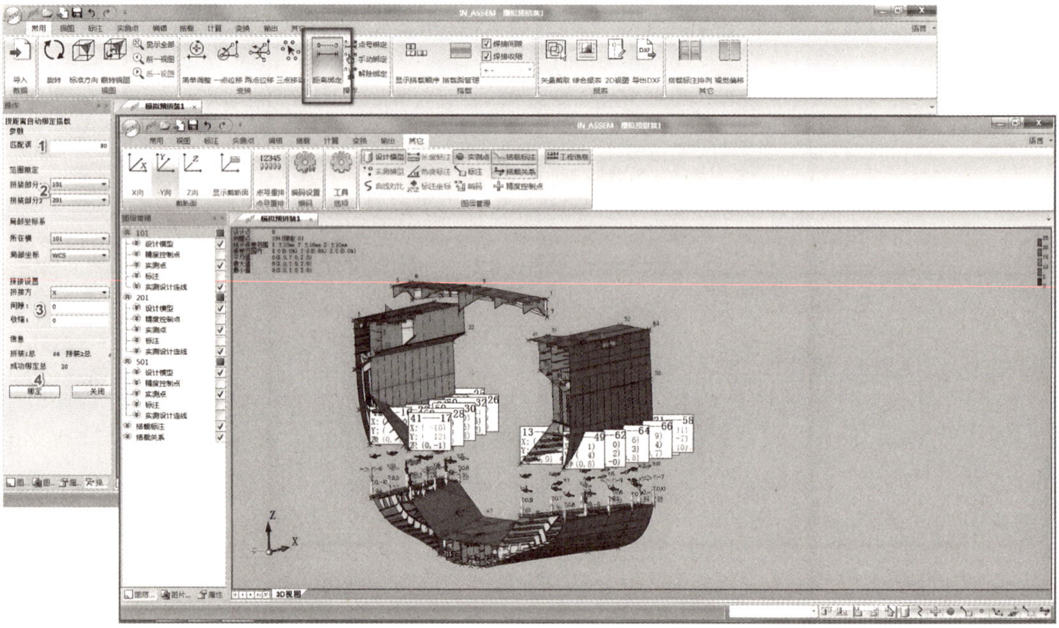

图 5.5.5 分段绑定效果

检查绑定关系的正确性，将所有需要绑定的部位都绑定。

5.5.4 调整搭载偏差、输出搭载结果

观察分段搭载情况，如出现还可修正的偏差，可利用“变换”菜单的相应功能，尽可能消除搭载误差。在调整搭载误差时，要考虑修整工艺难度，比如变形的修正、尺寸的修正，装配、焊接的难度等因素。

确定最优的搭载结果后，可以根据需要输出相应的搭载结果文件。一般可以截取 2D 视图，进行合理排版，并做好必要的工艺说明。选择好报表类型和报表模板后，导出即可。如图 5.5.6 所为搭载结果可视化，图 5.5.7 所示为输出模拟搭载报表。

当然，IN-ASSEM 提供的功能菜单很丰富，基本涵盖了模拟搭载过程中所需要的必备功能，有些菜单功能及操作也与 IN-ANALY 类似，在学习时可以参考相关说明。

IN-ASSEM
船舶与钢结构模拟预拼装软件说明

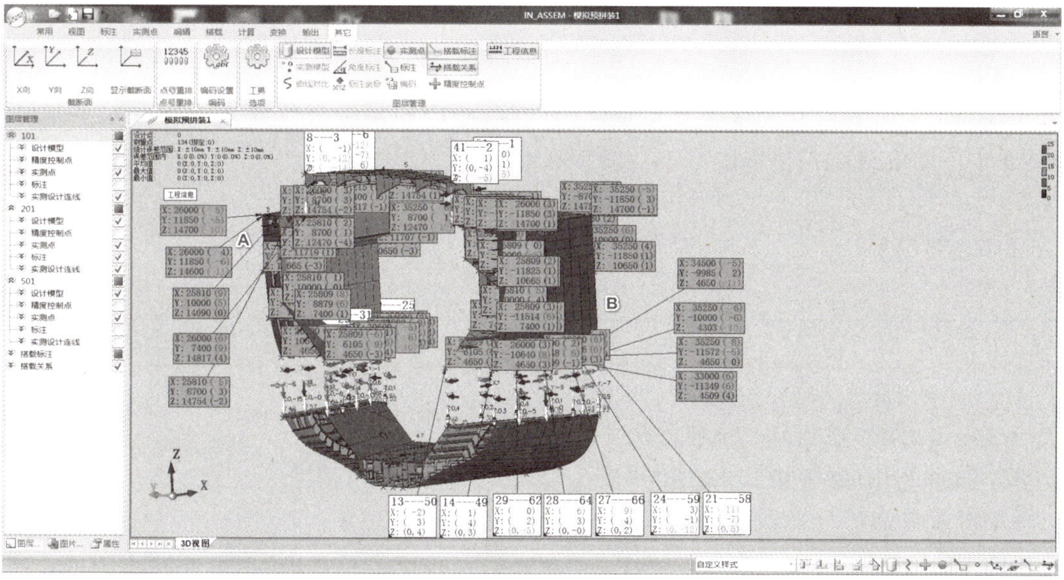

图 5.5.6 搭载结果可视化

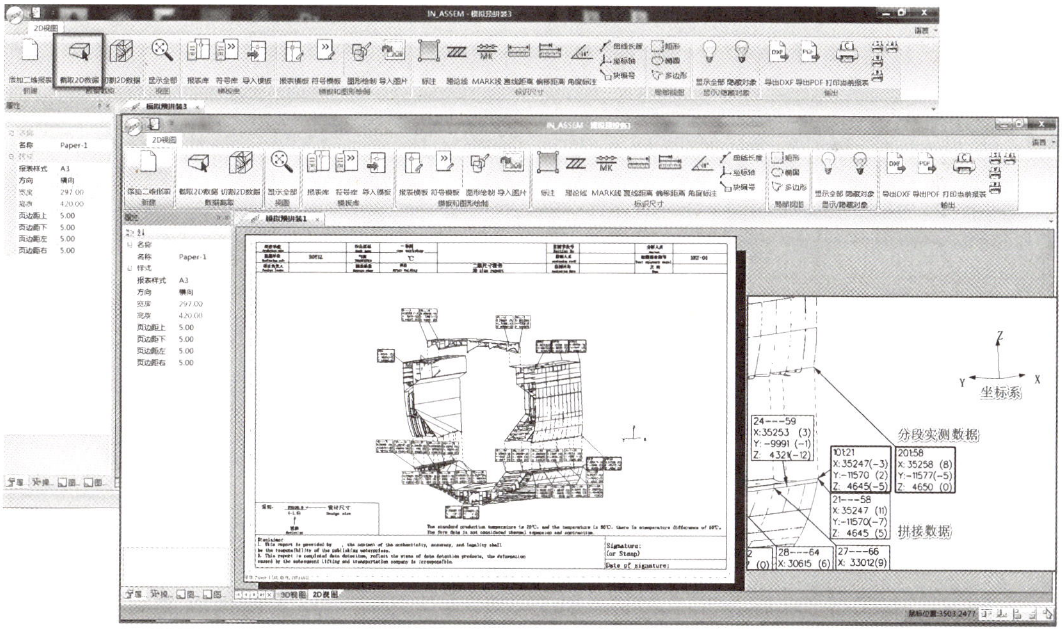

图 5.5.7 输出模拟搭载报表

【任务小结】

本小节主要介绍了船舶分段的模拟搭载过程。在完成分段的测量和精度分析之后,可以通过 IN-ASSEM 软件进行模拟搭载。模拟搭载是为了提前发现船台、船坞的分段搭载误差,由于基础分段和搭载分段都有精度实测数据,所以使模拟搭载成为可能。本小节主要介绍了 IN-ASSEM 模拟搭载的基本功能和基本操作。

【综合练习】

问答题	总结
1. 请说明模拟搭载的基本原理。 2. IN-ASSEM 实现模拟搭载的基本步骤有哪些? 3. 模拟搭载时为什么要进行“距离绑定”操作? 4. 请说明“视觉偏移”功能与变换菜单的“简单调整”功能有什么联系和区别。	

参 考 文 献

[1] 徐兆康. 船舶建造工艺学[M]. 北京:人民交通出版社,2000.
[2] 谢荣. 船舶建造精度控制技术[M]. 2 版. 北京:人民交通出版社,2016.
[3] 韦方方. 船舶精度装配工艺[M]. 哈尔滨:哈尔滨工程大学出版社,2017.
[4] 顾孝烈. 测量学[M]. 上海:同济大学出版社,1990.
[5] 岳建平,陈伟清. 土木工程测量[M]. 武汉:武汉理工大学出版社,2010.
[6] 薛智伟,喻兴文,陈元祥. 船舶精度控制实训指导手册[M]. 哈尔滨:哈尔滨工程大学出版社,2020.
[7] 张雪彪. 现代造船精度控制及测量技术[M]. 北京:科学出版社,2019.